Que veulent les Français ?

L'opinion publique dans tous ses états

dirigé par Antoine Bristielle

éditions de l'aube
fondation jean-jaurès

Introduction

Antoine Bristielle

Déclin des grands partis de gouvernement, augmentation massive de l'abstention lors des élections intermédiaires, apparition de nouveaux enjeux sur la scène politique : l'époque que nous traversons est caractérisée par de multiples bouleversements qui remettent en question les certitudes du passé. La société est mouvante, l'opinion des Français paraît moins cristallisée que jamais et les grands discours explicatifs des comportements sociopolitiques sont désormais périmés. Forcément, le besoin d'explications est proportionnel à ces transformations sociales et politiques. Néanmoins, les réponses sont aujourd'hui données soit par des responsables politiques au raisonnement partial, soit par des éditorialistes aux compétences discutables, prophétisant que « les Français pensent que » sans avoir autre chose que leur intuition pour justifier leurs positions.

L'époque actuelle manque ainsi clairement d'explications du monde et de la société dans laquelle nous vivons. Il est absolument nécessaire de pouvoir objectiver le débat public et d'apporter une information claire aux citoyens sur ce qu'est la société française d'aujourd'hui et sur leur rapport à la politique nationale. Que pensent les Français en 2022 ? C'est à cette question que tentera de répondre cet ouvrage.

Pour cela, il est nécessaire de s'adresser aux meilleurs spécialistes des questions qui nous intéressent. Nous sommes en effet trop souvent confrontés à un ensemble de généralités, d'où toute complexité est évincée sous prétexte que la précision nuirait à la compréhension. Dans ces conditions, cet ouvrage se bâtit sur plusieurs paris. Le premier pari est que nous avons besoin de comprendre la complexité des phénomènes qui touchent nos sociétés, du renouvellement générationnel aux clivages territoriaux en passant par la différence de comportement politique selon le genre. Deuxième pari : il est possible de rendre des phénomènes complexes accessibles au grand public. Ce livre s'adresse donc autant à des spécialistes de l'opinion publique qu'à des citoyens peu au fait de l'actualité politique, mais curieux de comprendre la société dans laquelle ils évoluent à quelques semaines d'une élection présidentielle qui s'annonce déjà décisive.

Le troisième pari repose sur l'idée qu'il est nécessaire de mixer les approches pour mieux appréhender la société actuelle. Mixer les générations des contributeurs tout d'abord, entre des spécialistes reconnus dans leur champ d'étude depuis plusieurs décennies et de jeunes chercheurs susceptibles d'apporter un regard neuf sur ces enjeux qui touchent notre société. Mixer l'origine professionnelle des contributeurs également, entre des universitaires, d'un côté, et des membres de la société civile spécialistes de leur domaine, de l'autre.

Cet ouvrage s'appuie sur une multitude de données quantitatives qui dépassent le simple cadre des sondages d'opinion ordinaires, dont la précision est malheureusement très restreinte. Il s'agit notamment des enquêtes « Fractures françaises » coordonnées depuis près de dix ans par la Fondation Jean-Jaurès, ainsi que du Baromètre de la confiance politique. Il s'agit également d'enquêtes internationales de référence, comme les Eurobaromètres pilotés par la Commission européenne, ou bien encore les enquêtes sur les valeurs des Européens menées depuis le début des années 1980.

Le livre se décompose en trois parties. Une première partie est consacrée aux grandes questions qui traversent la société aujourd'hui, comme l'impact de la défiance institutionnelle sur le fonctionnement démocratique. La deuxième partie adopte une approche catégorielle : que pensent les Français de gauche ou d'extrême droite ? En quoi ont-ils des positionnements différents de ceux du reste de la population ? La troisième et dernière partie proposera une approche thématique : comment les Français se positionnent-ils sur un ensemble d'enjeux de politiques publiques, de la santé à l'écologie en passant par l'intervention de l'État dans l'économie ? La combinaison de ces trois axes permet ainsi de dresser un bilan exhaustif de l'opinion des Français. Un indispensable dans la période charnière que nous traversons actuellement.

Une société fatiguée

Jérémie Peltier

« Jamais là, même quand j'suis là, j'sers à rien, j'suis juste lymphatique

Sensible, de mauvaise humeur, j'parle mal

C'est toujours la faute de la fatigue[1]. »

En parfait poète, le rappeur de Caen Orelsan a dans son dernier album une nouvelle fois mis le doigt sur les mots et les maux d'aujourd'hui. Parmi eux figure ce qui est à la fois un mot et un mal: la fatigue. « Peuple fatigué », « société fatiguée »: depuis l'irruption du Covid-19 dans nos existences, jamais le terme « fatigue » n'a semblé aussi présent dans le débat public, comme s'il révélait à lui seul un trait caractéristique et profond de la vie des individus. Déjà, en 2018, dans *Ode à la fatigue*[2], le philosophe Éric Fiat citait « Les Animaux malades de la peste[3] » pour décrire le lien entre les individus modernes et la fatigue: « Ils ne mouraient pas tous, mais tous étaient frappés. »

1. Orelsan et Skread, « Ensemble », *Civilisation*, 2021.
2. Éric Fiat, *Ode à la fatigue*, Paris, Éditions de l'Observatoire, 2018.
3. Jean de La Fontaine, « Les Animaux malades de la peste », *Fables de La Fontaine*, 1678.

« Je suis crevé », « je suis rincé », « je suis au bout du rouleau », « je suis KO ». Les expressions foisonnent. On les utilise comme on respire, de façon presque automatique. Il est donc intéressant de voir, à travers quelques données d'opinion et quelques tendances, comment ce sentiment de fatigue se traduit, dans les têtes, d'une part, dans la société, d'autre part, et dans l'engagement politique et civique d'une façon générale.

Fatigue de l'opinion

Dans la deuxième vague de l'enquête électorale 2022 publiée par la Fondation Jean-Jaurès en octobre 2021 et menée auprès de plus de 16 000 personnes[1], la fatigue arrive en tête des 13 termes que les Français pouvaient choisir afin de caractériser leur état d'esprit actuel : 17 % des personnes interrogées citaient la fatigue, devant l'incertitude et l'inquiétude (15 % chacune), la sérénité (8 %) et le bien-être (7,5 %), et bien avant la révolte (5 %) et la colère (4,3 %).

Les Françaises et les Français se sentent donc fatigués. Et quand on regarde dans le détail, on peut tenter de dresser le portrait-robot des individus fatigués : il y a d'abord les femmes de moins de 35 ans (26,5 % d'entre elles se disent fatiguées, soit presque 10 points de plus que la moyenne nationale et 12 points de plus que les hommes de moins de 35 ans) ; il y a ensuite certaines professions : les agriculteurs et les exploitants (21 % se disent fatigués), les professions intermédiaires (23 %) et les employés (22 %) ; il y a également les salariés du public (24 %, contre 20 % des

1. Fondation Jean-Jaurès, Ipsos, Cevipof et *Le Monde*, « Enquête électorale 2022 », vague 2, octobre 2021.

salariés du privé). Autre élément intéressant, les personnes propriétaires de leur logement sans emprunt immobilier à rembourser chaque mois sont 10 % à se sentir fatiguées, contre 23 % des propriétaires avec un emprunt immobilier en cours. Au regard des publics cités, on pense donc une nouvelle fois à ce que l'on nomme communément la « charge mentale » pour expliquer le sentiment de fatigue des individus en question, en fonction de leur rythme de vie, leurs conditions de travail, leur situation financière, leur place dans la société ou leur projection dans l'avenir.

Politiquement, la fameuse « charge mentale » ne semble d'ailleurs pas la même à gauche qu'à droite : quand on s'intéresse à la proximité politique des personnes interrogées, les moins fatiguées sont celles qui se disent proches de LREM et du MoDem (13,5 % se disent fatiguées, soit 3,5 points de moins que la moyenne nationale) et celles qui se disent proches de LR et de l'UDI (13 %). À l'inverse, les personnes les plus fatiguées se trouvent à gauche : 20 % des sympathisants écologistes et 20 % des sympathisants de gauche. Comme si ces individus étaient épuisés de vivre dans un monde où une partie de leur grille de lecture et de leur imaginaire a été rendue obsolète depuis la révolution de velours de 2017, ou épuisés face aux défis qui se dressent devant nous (défi climatique et inégalités, par exemple).

Au-delà de ce premier état des lieux, quand on parle de fatigue, il doit être question du sommeil. Le manque de sommeil, enjeu de santé publique majeur, est un sujet qui revient régulièrement dans le débat depuis plusieurs années maintenant. Les causes sont connues : l'homme, dans un sentiment de toute-puissance, pense être en capacité d'avoir la maîtrise permanente de son temps. Les nouvelles technologies lui permettant de vivre vingt-quatre heures sur vingt-quatre, il pense être en capacité de vivre vingt-quatre heures sur vingt-quatre. Résultat : en cinquante ans, la France a vu le temps de sommeil de ses habitants régresser d'une heure trente. Plus globalement, les pays occidentaux ont perdu au moins une heure de sommeil sur une journée de vingt-quatre heures, ce qui équivaut à une cinquantaine de nuits par an. Autre élément, le taux de « petits dormeurs », à savoir celles et ceux qui dorment moins de six heures par nuit, a considérablement augmenté au cours des dix dernières années : ils représentaient 10 à 12 % de la population au début des années 2000, ils en représentent aujourd'hui 30 % (pour rappel, afin de rester en bonne santé, un adulte doit dormir entre sept et huit heures par nuit). Les individus sont devenus des êtres hypersollicités et hyperstimulés, comme le dit brillamment Bruno Patino dans *La Civilisation du poisson rouge*[1]. Par la lumière, d'abord, mais aussi par les écrans ou encore le bruit. Durant des siècles, les sept à huit heures par nuit ont été respectées car les hommes vivaient au rythme du soleil. Mais les progrès techniques ont fait disparaître la nuit petit à petit. Le premier coupable : l'ampoule électrique, commercialisée en 1879.

Évidemment, ce manque de sommeil est perceptible dans l'opinion, et s'accroît de façon très nette au fil des années chez les Français. Dans une enquête de l'Ifop publiée en avril 2021, 67 % des Français indiquaient avoir eu des problèmes de sommeil au cours des huit derniers jours (avec, une nouvelle fois, une différence importante entre les sexes : 71 % des femmes

1. Bruno Patino, *La Civilisation du poisson rouge. Petit traité sur le marché de l'attention*, Paris, Grasset, 2019.

contre 60 % des hommes)[1]. Ce taux n'a cessé d'augmenter au cours des vingt dernières années : en 1995, 44 % des Français indiquaient avoir eu des problèmes de sommeil au cours des huit derniers jours, 48 % en 2000, contre 66 % aujourd'hui. L'effet crise sanitaire et l'angoisse de la période ont donc joué un rôle central dans la capacité des individus à bien dormir, aboutissant au fait qu'un tiers des Français aujourd'hui se disent insatisfaits de leur sommeil.

Fatigue dans la cité et à l'égard du collectif

Dans son livre *C'est fatigant, la liberté*[2], le sociologue Jean-Claude Kaufmann parle d'un « ramollissement existentiel » de la société et fait état d'une société fatiguée en raison de l'environnement hyperdémocratique dans lequel elle baigne (choisir sa vie de A à Z, être responsable de ses échecs et de ses réussites). Pour Kaufmann, cette fatigue existentielle est l'un des motifs pour lesquels les individus ont globalement bien supporté les confinements : on nous offrait soudainement la possibilité d'arrêter de choisir, d'arrêter de décider, d'arrêter tout court. Et nous était donnée la possibilité de nous « reposer ».

Dans une société fatiguée, il n'est donc pas surprenant d'observer que, pour 21 % d'entre nous, le lit est l'endroit préféré dans la maison ou l'appartement, juste après le canapé ou le jardin, mais avant la cuisine, la douche ou les toilettes. C'est même l'endroit préféré de la maison pour la

1. Ifop pour Tousaulit.com, « Étude sur les troubles du sommeil et le rapport des Français à leur lit », avril 2021.
2. Jean-Claude Kaufmann, *C'est fatigant, la liberté. Une leçon de la crise*, Paris, Éditions de l'Observatoire, 2021.

moitié des 18-24 ans[1]. Cette fatigue existentielle est l'une des raisons pour lesquelles nous assistons à la naissance de ce que le journaliste Vincent Cocquebert a nommé « la civilisation du cocon[2] », une civilisation qui se recroqueville sur sa sphère intime et sur sa sphère privée, par crainte du dehors, du collectif et des autres. Cocquebert nous rappelle que cette civilisation était déjà bien présente avant la crise: en 2019, 66 % des Français affirmaient préférer passer des moments tranquilles chez eux avec leurs amis ou leur famille plutôt que de les voir à l'extérieur; dès 2018, plus de 60 % des salariés se déclaraient favorables à davantage de télétravail.

Comme si la présence de l'autre nous fatiguait, comme si ses moindres faits et gestes et ses moindres bruits nous étaient devenus de plus en plus insupportables. D'où la « bonne presse » du télétravail dans nos sociétés. Dans une enquête menée en mars 2021 par la Fondation Jean-Jaurès, le cabinet Selkis et l'Ifop auprès de 1 000 salariés, 67 % des salariés qui travaillent dans un bureau indiquaient que ce qu'ils aimaient le moins dans ce contexte, c'était le bruit et la déconcentration que cela induit[3]. Le télétravail apparaissait subitement comme une réponse au tumulte extérieur. Il y a une fatigue d'être à l'extérieur et avec les autres. Michel Houellebecq a d'ailleurs parlé de la crise comme d'un révélateur de l'obsolescence des relations sociales[4].

1. Ifop pour Tousaulit.com, *op. cit.*
2. Vincent Cocquebert, *La Civilisation du cocon*, Paris, Arkhê, 2021.
3. Ifop pour la Fondation Jean-Jaurès et Selkis, « Qu'est-ce qu'un bureau ? », mars 2021.
4. Michel Houellebecq, « Je ne crois pas aux déclarations du genre "Rien ne sera plus comme avant" », France Inter, 4 mai 2020.

Deux enquêtes publiées par la Fondation Jean-Jaurès début 2021, le Baromètre France-émotions[1] et le Baromètre de la confiance politique[2], ont montré qu'une partie de la population était en train de s'enfermer dans sa sphère privée, à l'échelle de son domicile, à peine à l'échelle de son immeuble : d'après le Baromètre de la confiance politique, 94 % des Français font confiance à leur famille, 71 % à leurs voisins. À titre de comparaison, 55 % des Français seulement font confiance « aux gens d'une autre nationalité » (–4 points par rapport à février 2020) et 41 % « aux gens qu'ils rencontrent pour la première fois » (–2 points par rapport à février 2020).

À l'inverse, la période que nous avons vécue a continué de dégrader le rapport à l'autre, perçu comme « étranger » : quand 72 % des Français déclaraient en 2009 faire confiance aux « gens d'une autre nationalité », ils ne sont plus que 55 % aujourd'hui. On observe les mêmes tendances positives concernant « l'ultra-proximité » dans le Baromètre France-émotions. En effet, quand on demande aux Français ce qui caractérisait le mieux leur état d'esprit à propos de leur vie familiale pendant le confinement, il s'agit de la seule question (avec la vie amoureuse) où les trois premiers items cités sont des items positifs : pour 26 % des Français, cela évoque de la « sérénité », pour 23 % de la « confiance », pour 20 % de la « joie ».

---

1. ViaVoice pour la Fondation Jean-Jaurès et *Le Point*, « Le Baromètre France-émotions », mars 2021.
2. OpinionWay pour la Fondation Jean-Jaurès, le Cevipof, l'Institut Montaigne, la Fondation pour l'innovation politique et le Conseil économique, social et environnemental, « En qu(o)i les Français ont-ils confiance aujourd'hui ? », Baromètre de la confiance politique, vague 12, février 2021.

Par conséquent, on peut considérer que les gens n'ont pas une envie farouche de se voir davantage et de faire quelque chose ensemble, à commencer par voter collectivement : dans le Baromètre de la confiance politique, 62 % des Français indiquaient qu'on n'est « jamais assez prudent quand on a affaire aux autres » (53 % au Royaume-Uni, 56 % en Allemagne) et 32 % étaient d'accord avec le fait que « la plupart des gens cherchent à tirer profit » d'eux. Enfin, un Français sur deux a le sentiment de ne pas appartenir à une quelconque communauté, y compris donc la communauté nationale, montrant de fait la victoire de l'individu sur le collectif, la victoire du cocon sur la place publique.

Cette fatigue et ce repli sur sa sphère privée font donc de nous un peuple de sédentaires, un peuple déjà confiné avant même la crise sanitaire. Dans son livre déjà cité plus haut, Vincent Cocquebert nous montre que nous sommes une génération *indoor*, une génération qui vit de plus en plus en intérieur, et que c'était le cas bien avant la crise : une étude réalisée par YouGov en mai 2018 auprès de 16 000 personnes dans quatorze pays d'Europe et d'Amérique du Nord citée par Cocquebert[1] montrait déjà que nous étions la première génération *indoor*, sans même nous en rendre compte. Ce décalage entre la perception et la réalité est intéressant : alors que nous estimions passer environ 60 % de notre temps en intérieur, soit environ 14 heures par jour, la réalité est que nous vivions déjà, en 2018, environ 90 % de notre temps à l'intérieur, entre quatre murs, soit plus de 21 heures dans une journée. Et, bien avant la crise, une autre étude citée dans le même livre montrait qu'un

1. Vincent Cocquebert, *op. cit.*

employé lambda passait environ en moyenne seulement quinze minutes par jour à l'air libre.

Donc ce que nous avons vécu n'est pas un enfermement soudain. Nous étions déjà enfermés. En outre, la génération d'adolescents et de jeunes adultes nés après 1995 passe un tiers de temps en moins à socialiser à l'extérieur par rapport à la génération précédente, et les trois quarts des enfants évolueraient moins d'une heure par jour à l'extérieur, ce qui est, nous dit Cocquebert, un temps inférieur à celui d'un prisonnier en France, qui a l'obligation de passer au moins soixante minutes hors de sa cellule. Cette sédentarité se voit d'ailleurs dans la société, ne serait-ce qu'à travers la disparition d'un certain nombre de lieux collectifs : on dénombrait 4 000 boîtes de nuit en France il y a quarante ans, on en avait déjà perdu plus de la moitié au début de la crise sanitaire. En outre, nous avions 200 000 bistrots en France dans les années 1960, qui sont tombés à environ 40 000 aujourd'hui[1].

Fatigue politique et apathie démocratique

La question que l'on peut se poser est de savoir si cette grande fatigue a une influence sur la vie politique et la vie civique. Dans l'enquête électorale citée plus haut[2], il y a des éléments intéressants : quand la fatigue touche 15 % des personnes attendant de la prochaine élection présidentielle qu'elle apaise la France, et 16 % de celles qui espèrent un

1. Jérémie Peltier, *La fête est finie ?*, Paris, Éditions de l'Observatoire, 2021.
2. Fondation Jean-Jaurès, Ipsos, Cevipof et *Le Monde*, « Enquête électorale 2022 », vague 2, octobre 2021.

vrai changement social et politique, elle concerne 20 % des personnes qui n'attendent rien de l'élection présidentielle. Dans le même ordre d'idées, 20 % des personnes qui ne se disent pas intéressées par la prochaine élection présidentielle sont fatiguées, contre 15 % des personnes qui s'y intéressent.

Ainsi peut-on d'ores et déjà établir un lien entre fatigue physique/psychologique et apathie démocratique / fatigue politique, et comprendre comment un état de fatigue généralisée entraîne *de facto* une sorte de grand retrait de la vie collective et de la chose publique. Rappelons d'ailleurs que, lorsqu'on demande aux Français ce que leur évoque spontanément la politique (dans une question ouverte, sans réponses suggérées), le premier mot qui apparaît majoritairement est « rien[1] ».

Il y a mille raisons pour expliquer l'énorme abstention aux dernières régionales et départementales. On peut néanmoins formuler l'hypothèse que ce « grand retrait » des citoyens auquel nous avons assisté n'est que la continuité de ce grand retrait existentiel. Fatigué d'être libre, d'être autonome et d'avoir à choisir dans un environnement « hyperdémocratique », l'individu moderne « tombe en panne », dans une sorte de mollesse existentielle et d'apathie de masse.

On peut légitimement penser que cette mollesse existentielle s'est renforcée durant la crise, l'injonction « Allez voter » étant devenue insupportable après des mois de « Allez faire ci », « N'allez pas là-bas », « Faites la fête comme ci », « Travaillez comme ça ». Dans ce contexte, l'acte même de voter et la participation à la vie démocratique

1. Ifop pour la Fondation Jean-Jaurès, « Régime parlementaire ou régime présidentiel ? Les préférences des Français », mai 2021.

relevaient d'efforts de plus en plus difficiles pour un peuple fatigué. Cette fatigue existentielle concourt au primat du domestique, de l'épanouissement personnel et de la culture du bien-être sur tout le reste. En somme, elle marque le triomphe du « rite du moi » sur le « rite collectif » que symbolisait le vote dans l'isoloir, rite devenu tout à coup obsolète et *has been* dans la société du sur-mesure incarnée par Amazon et Deliveroo. Du lit à l'urne, le chemin est désormais trop long.

Quand on regarde les nouvelles formes d'engagement que semblent privilégier les individus, on ne peut que constater que la fatigue et le cocon sont également passés par là. Il s'agit d'engagements « moins fatigants », notamment sur les plans physique et émotionnel.

La Fondation Jean-Jaurès a réalisé une enquête avec l'institut BVA en juillet 2021 sur le rapport des Français à l'engagement[1], et les résultats, analysés par Adélaïde Zulfikarpasic[2], sont à ce titre très intéressants. D'abord, pour être un peu optimiste, on voit que l'engagement est une notion perçue positivement par l'ensemble des Français : le mot évoque quelque chose de positif pour 82 % des sondés. Et c'est chez les plus jeunes que le terme « engagement » est perçu le plus positivement. Il évoque quelque chose de « très positif » pour près d'un jeune sur quatre : 24 % des 18-24 ans et 24 % également des primo-votants à la prochaine élection présidentielle. Ce mot prend, assez logiquement, plus de sens également chez les salariés d'une entreprise publique

1. BVA pour la Fondation Jean-Jaurès, « Les Français et l'engagement », juillet 2021.
2. Adélaïde Zulfikarpasic, *Les Français et l'engagement*, Paris, Fondation Jean-Jaurès, juillet 2021.

ou nationale (32 % d'évocations « très positives »), ainsi que, de façon globale, chez les catégories socioprofessionnelles dites supérieures.

Mais ce qui est intéressant, c'est que l'engagement est désormais une notion qui résonne bien plus sur le plan personnel et individuel que collectif. Pour le dire autrement, l'engagement a épousé la société du cocon. 55 % des citations spontanées des personnes interrogées dans notre enquête renvoient à des valeurs ou à une ligne de conduite personnelles. Ainsi, quand on demande aux gens ce que signifie l'engagement, ils citent spontanément le fait de « donner sa parole et de la respecter, de tenir ses promesses », le fait « d'avoir des convictions et de les défendre » ou encore le fait d'« être responsable ». On cite des valeurs, des principes, non pas des actions. L'individualisation a donc entraîné une individualisation de l'engagement. Et cette vision assez personnelle de l'engagement se traduit dans l'engagement concret des Français.

En pratique, s'ils sont encore plus nombreux à avoir des convictions et à les défendre auprès de leurs proches, seule une minorité d'entre eux (40 %) déclare les défendre de manière publique, devant les autres, dont on se protège. D'ailleurs, de façon très concrète, ils s'engagent davantage *via* des actions personnelles (signer une pétition, faire un don ou encore boycotter une marque ou une entreprise) que collectives (grèves et manifestations, pratiquées par une minorité des personnes interrogées). De la même manière, seulement un tiers des Français déclarent être membres d'une association, d'un syndicat ou d'un parti politique ou faire partie d'une réserve citoyenne, et peu d'entre eux sont membres actifs. Ainsi, 2 % déclarent être membres d'un parti et y participer activement, 4 % d'un syndicat et enfin 9 % d'une association qui défend une cause.

Sur ces questions, on observe quelques différences générationnelles, mais qui ne tendent pas à montrer que les jeunes auraient une conception plus individualiste de l'engagement. Au contraire, cette vision semble pénétrer toutes les catégories de la société. Ainsi, 54 % des Français en moyenne signent régulièrement des pétitions, un résultat qui monte à 57 % chez les 18-24 ans, mais aussi à 57 % des 65 ans et plus.

Viens, on reste ensemble

Il y a de grandes chances que la fatigue continue d'être un mot caractéristique de notre époque. Et rien n'indique que les individus apathiques, bien au chaud dans leur cocon, vont se retrouver tout à coup en forme et dans une sorte de « puissance de vie ». Pourtant, cette sédentarité « protectrice », ce cocon rassurant, a des impacts réels sur notre fatigue physique et sur notre capacité à accomplir des efforts. Dans le livre de Michel Desmurget, *La Fabrique du crétin digital*[1], on apprend que les enfants ont perdu environ 25 % de leur capacité pulmonaire en trente ans. Quand vous étiez enfants, vous couriez autour du stade pour voir combien de temps vous teniez (c'est ce que l'on appelle le test de Cooper). Sur la base de ce test, on s'aperçoit que les enfants ont perdu 25 % de capacité pulmonaire. Pour le dire autrement, ils sont moins résistants qu'il y a trente ans, donc plus fatigués après un effort.

1. Michel Desmurget, *La Fabrique du crétin digital. Les dangers des écrans pour nos enfants*, Paris, Seuil, 2019.

Et, au-delà des effets sanitaires que la fatigue physique et psychologique entraîne, le problème de fond posé par cette fatigue est qu'elle rend malade le collectif. Ainsi, la question que pose la fatigue aux individus, c'est de savoir si les uns et les autres ont encore la force de faire quelque chose en commun. « Viens, on reste ensemble », comme le chante Orelsan.

France des villes, France des champs : un clivage surestimé ?

Ivan Glita, Achille Warnant

De nombreux journalistes, éditorialistes et essayistes ont vu dans les résultats de l'élection présidentielle de 2017 l'avènement d'une nouvelle géographie électorale caractérisée par la scission entre deux blocs. D'un côté, un bloc métropolitain concentrant une part croissante des richesses et des activités, favorable à Emmanuel Macron. De l'autre, un bloc périphérique regroupant territoires ruraux, petites et moyennes villes, tourné vers Marine Le Pen.

Bien que l'effondrement des partis traditionnels et l'apparition de nouveaux acteurs sur la scène politique nationale marquent incontestablement un tournant dans la vie politique française, l'idée de deux France se faisant face, réactualisée depuis par la mobilisation des « Gilets jaunes », n'est pas nouvelle. Ces deux dernières décennies, elle fut popularisée, selon des modalités différentes, par des auteurs comme Jacques Lévy ou Christophe Guilluy qui, tous deux, font remonter cette opposition au référendum sur le traité de Maastricht en 1992. « On a ainsi l'impression que des ondes successives alternant la gauche et la droite se transmettent du centre à la périphérie », analyse le premier dans une tribune publiée en 2002 dans le journal *Libération* aux côtés du démographe Hervé Le Bras[1].

Si nous laissons de côté la question des catégories (ville, périurbain, rural), dont les périmètres peuvent être discutés, que nous dit la géographie des dynamiques électorales et de l'état du pays ? La fracture entre la France des villes et celle des campagnes est-elle aussi évidente qu'il y paraît ?

Le pavillon est-il de droite ?

L'extrême droite connaît historiquement ses premiers succès dans les grandes villes et leur banlieue. L'élection présidentielle de 2002 marque un tournant, avec la pénétration pour la première fois du Front national dans les campagnes et les petites villes. La presse nationale se fait régulièrement l'écho, depuis lors, de la progression de la droite et de l'extrême droite dans ces territoires. De *Libération* (« La droite domine en zone rurale, la gauche résiste dans les villes », 2007) au journal *Le Monde* (« Aux portes des pavillons où séduit "Marine" », 2012) en passant par le quotidien belge *Le Soir* (« Le Macron des villes a répondu à Le Pen du "périurbain" », 2017) ou l'hebdomadaire *Challenges* (« La percée de Marine Le Pen dans nos campagnes », 2020), les exemples d'articles établissant un lien entre le choix de vote et le lieu de vie foisonnent.

Dans *La France des « petits-moyens »*, les sociologues Marie Cartier, Isabelle Coutant, Olivier Masclet et Yasmine Siblot font d'ailleurs état du contraste grandissant, à l'occasion de l'élection présidentielle de 2007, entre des

1. Hervé Le Bras et Jacques Lévy, « Gauche des villes, droite des champs », *Libération*, 20 juin 2002.

pavillonnaires qui « ont majoritairement voté en faveur de Nicolas Sarkozy » et des habitants des quartiers HLM qui « ont plus souvent choisi Ségolène Royal[1] ». Un décalage qui renforce, selon eux, « l'image déjà classique de ces petits propriétaires acquis à l'ordre établi ou disposés au conservatisme politique[2] ». Si ces auteurs rejettent l'idée d'une corrélation directe entre propriété individuelle et conservatisme politique, d'autres considèrent à l'inverse que l'habitat groupé engendre « une grande cohésion sociale, une mentalité facilement communautaire », à l'opposé des lotissements dispersés et isolés qui donneraient « la possibilité et le goût d'échapper à la vie collective[3] ». Dans cette logique, Jacques Lévy invite à considérer l'influence du gradient d'urbanité, entendu comme le degré de densité (des hommes et des choses) et de diversité (sociologique et fonctionnelle) d'un territoire, sur la vie sociale et le positionnement politique des individus. Désormais, affirme-t-il, « la carte du vote

1. Marie Cartier, Isabelle Coutant, Olivier Masclet et Yasmine Siblot, *La France des « petits-moyens »*, Paris, La Découverte, 2008, p. 241.
2. Depuis la sortie de ce livre, la situation a un peu évolué. Lors des présidentielles de 2012 et 2017, le candidat UMP-LR (Nicolas Sarkozy puis François Fillon) perd 8 % des voix du rural (isolé comme périurbain). Au contraire, Le Pen progresse dans ces mêmes espaces (+5 % dans le rural). Toutefois, cette évolution du vote rural traduit aussi une tendance nationale qui touche également les villes : dans les communes urbaines, Fillon perd 8 % par rapport à Sarkozy et Le Pen progresse de 3 %. Les écarts sont donc plus significatifs avec les scores d'Emmanuel Macron qui capte une partie de l'électorat de droite de 2012.
3. Hervé Le Bras et Emmanuel Todd, *Le Mystère français*, Paris, Seuil, « La République des idées », 2013, p. 279-280.

en faveur du FN est d'abord celle des gradients d'urbanité les plus faibles », ce qui expliquerait que le périurbain soit devenu « une place forte du Front national[1] » au même titre que les espaces ruraux.

Lors de l'élection présidentielle de 2017, le vote des couronnes périurbaines s'avère en effet plus favorable au Rassemblement national, quelle que soit la tendance dans les agglomérations qui polarisent ces couronnes. Ainsi, l'agglomération parisienne a placé Emmanuel Macron en tête du premier tour avec 29,6 % des voix alors que la couronne périurbaine s'est, à l'inverse, davantage tournée vers Marine Le Pen (25,3 % contre 21,6 % pour le candidat d'En marche)[2]. Une telle configuration se retrouve dans la plupart des métropoles comme Lille, Lyon, Strasbourg ou Bordeaux, mais aussi dans des villes plus petites. La règle semble simple : plus on s'éloigne des villes et plus la candidate du Rassemblement national regroupe d'électeurs autour de son nom (17,1 % dans les villes de plus de 100 000 habitants contre 26,1 % dans le périurbain et les territoires ruraux). À l'inverse, Emmanuel Macron réalise ses meilleurs scores dans les grandes agglomérations urbaines (26,2 %) mais s'avère moins convaincant dans les zones rurales et périurbaines (21 %), en dépit de nombreuses victoires dans les couronnes du sud-ouest et de l'ouest de la France ainsi qu'en périphérie de Lyon ou Grenoble.

1. Jacques Lévy, *Atlas politique de la France : les évolutions silencieuses de la société*, Paris, Autrement, 2017, p. 10-11.

2. Les données électorales utilisées dans le cadre de cet article proviennent du ministère de l'Intérieur. Les données sur les agglomérations et leur périmètre viennent de l'Insee.

Tableau des résultats du premier tour de l'élection présidentielle de 2017

	François Fillon	Emmanuel Macron	Jean-Luc Mélenchon	Marine Le Pen
Grandes villes (> 100000 hab.)	20,3 %	26,2 %	21,8 %	17,1 %
Villes moyennes (20000 à 100000 hab.)	19,7 %	22,4 %	19,3 %	22,4 %
Petites villes (< 20000 hab.)	20,6 %	23 %	18,4 %	23 %
Rural (périurbain et rural isolé)	19,6 %	21 %	17,3 %	26,1 %
France entière	19,9 %	23,8 %	19,6 %	21,6 %

Source: Insee, ministère de l'Intérieur.

Le cas de l'agglomération parisienne est à ce titre intéressant. On y observe en effet un gradient allant de Paris vers la périphérie de sa zone d'attraction. Si le RN ne réunit que 5 % des voix dans Paris *intra-muros*, ses résultats s'améliorent au fur et à mesure que l'on s'éloigne de la capitale: 13,6 % à 10 kilomètres, 20 % à 30 kilomètres et 26,2 % à 70 kilomètres. Cette relation entre distance à Paris et vote RN masque cependant de fortes disparités et une grande hétérogénéité de ces espaces. Au sud de l'Essonne, par exemple, à Buno-Bonnevaux, le RN recueille 37 % des suffrages mais à Milly-la-Forêt, commune pourtant voisine, son score tombe à 22 %. À l'échelon régional, on voit surtout une opposition entre les communes périurbaines des Yvelines à l'ouest (droite) et celles situées en Seine-et-Marne ou dans le Val-d'Oise au nord et à l'est (extrême droite). Dans les zones périurbaines et rurales comme ailleurs, c'est en réalité « la diversité des rapports au politique et des représentations sous-jacentes de l'espace social qui domine », souligne la sociologue Anne Lambert[1]. Une diversité qu'il convient, d'après le géographe Jean Rivière, de mieux considérer (tant au niveau de l'espace que des groupes sociaux qui y résident)[2] et qui renvoie, selon la sociologue Violaine Girard, à des évolutions sociales plus complexes que celles liées au seul type de logement[3].

Vote pour Marine le Pen au premier tour de l'élection présidentielle de 2017 dans l'aire d'attraction de Paris

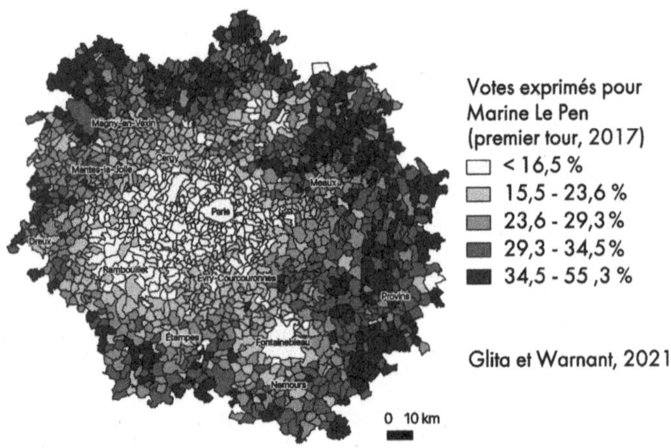

Source : ministère de l'Intérieur.

1. Anne Lambert, « *Tous propriétaires !* » *L'envers du décor pavillonnaire*, Paris, Seuil, 2015, p. 240.
2. Jean Rivière, « Sous les cartes, les habitants. La diversité du vote des périurbains en 2012 », *Esprit*, n°s 3-4, mars-avril 2013.
3. Violaine Girard, *Le Vote FN au village. Trajectoires de ménages populaires du périurbain*, Vulaines-sur-Seine, Éditions du croquant, 2017.

L'air de la ville rend-il plus libre ?

Si la géographie électorale dans les espaces périurbains et ruraux est moins évidente qu'il n'y paraît, qu'en est-il dans les espaces urbains ? Quelles y sont les forces politiques dominantes ? L'adage selon lequel « l'air de la ville rend libre », datant du xve siècle, a été utilisé par Max Weber, dans un texte publié en 1921[1], pour expliquer que les villes d'Europe du Nord auraient été un laboratoire de la liberté en rejetant les rapports de type féodal. La ville – *a fortiori* la grande ville – se comporterait, dans ce schéma, comme un puissant levier permettant aux individus de s'affranchir des règles et des contrôles liés à l'appartenance à une communauté restreinte. Une idée depuis régulièrement évoquée pour justifier l'inclinaison à gauche des métropoles et l'attachement de ses habitants à une société plus ouverte.

Cette théorie se vérifie aux élections locales. Depuis 2008, les socialistes et leurs alliés contrôlent la majorité des dix plus grandes villes françaises. Une domination renforcée à l'occasion des dernières élections municipales en 2020, avec les victoires des écologistes à Lyon, Bordeaux, Marseille et Strasbourg ; domination à laquelle seules Nice et Toulouse échappent encore. Aux élections nationales, les grandes villes et leur banlieue offrent également, traditionnellement, un terreau favorable aux différentes composantes de la gauche (PS et PCF). En 2012, l'ensemble des 38 communes les plus peuplées de l'Hexagone, à l'exception de Nice, Toulon, Aix-en-Provence et Boulogne-Billancourt, placent le candidat socialiste en tête du second tour. François Hollande l'emporte alors largement dans des fiefs acquis de longue

1. Max Weber, *La Ville*, Paris, Les Belles Lettres, 2013 (1921).

date à la gauche, comme Clermont-Ferrand (65 %), Lille (62,5 %) ou Paris (55,5 %), mais s'impose également dans des villes ancrées à droite, à l'image de Marseille (52 %), dirigée depuis 1995 par Jean-Claude Gaudin (UMP).

Candidat arrivé en tête au premier tour de l'élection présidentielle de 2017 selon les agglomérations

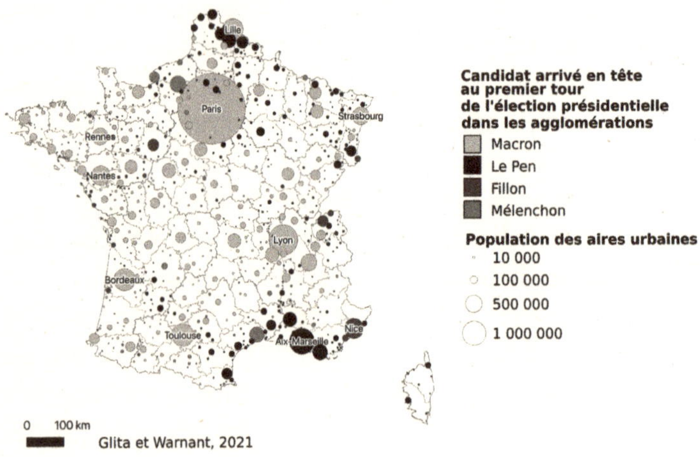

Source : ministère de l'Intérieur.

En 2017, l'effondrement du PS, dont le candidat rassemble moins de 6,4 % des voix, marque une évolution. Si Benoît Hamon réalise des résultats honorables à Paris (10,2 %), Toulouse (10,4 %) ou Rennes (13,8 %), l'électorat socialiste se divise pour l'essentiel, au premier tour, entre le centriste Emmanuel Macron et l'Insoumis Jean-Luc Mélenchon, deux candidats qui se revendiquent, malgré leurs très nombreuses différences, du progressisme. Le premier s'impose à Paris, Lyon, Strasbourg,

Bordeaux et Nantes, le second à Toulouse, Montpellier, Marseille et Lille. Au second tour, Emmanuel Macron creuse l'écart de manière significative face à la candidate du Rassemblement national dans les principales agglomérations du pays comme à Paris (90 %), Tours (78,8 %) ou Grenoble (82,7 %). S'il s'impose également dans de nombreuses petites villes (Honfleur, Autun, Saint-Pourçain-sur-Sioule, etc.) et moyennes (Nevers, Cahors, Thionville, etc.), on observe de manière générale une progression du candidat d'En marche lorsqu'on monte dans la hiérarchie urbaine : 61,8 % dans les communes comptant entre 1 000 et 10 000 habitants, 66,7 % dans celles regroupant 10 000 à 20 000 habitants, plus de 70 % au-delà.

Comme dans les zones périurbaines et rurales, la diversité du vote urbain reste cependant significative. Marine Le Pen parvient ainsi à s'imposer, aux deux tours, dans plusieurs villes du sud-est, du nord et de l'est de la France, comme à Calais (57,4 %), Lens (53,6 %), Fréjus (50,7 %) ou Draguignan (50,5 %). Elle devance également ses concurrents, à l'occasion du premier tour, dans des villes plus importantes comme Toulon, Dunkerque ou Valenciennes. Si la candidate du Rassemblement national obtient, dans ce contexte, de moins bons résultats dans les villes de plus de 100 000 habitants (17,1 %) qu'au niveau national (21,6 %), à l'inverse d'Emmanuel Macron (26,2 % contre 23,8 %), de Jean-Luc Mélenchon (21,8 % contre 19,6 %) et de François Fillon (20,3 % contre 19,9 %), les écarts restent limités à quelques points seulement, relativisant les fractures entre France des villes et France des champs. Les grandes villes sont en réalité divisées, au premier tour, comme l'ensemble du pays, entre quatre candidats qui rassemblent, à parts pratiquement égales, près de 85 % des suffrages exprimés.

Inégalités régionales, histoires locales : des facteurs plus puissants que l'effet taille

La lecture villes/campagnes en matière de géographie électorale permet d'objectiver la domination relative de la gauche ainsi que, désormais, du centre et des écologistes dans les grands centres urbains et, à l'inverse, de la droite et de l'extrême droite dans les espaces ruraux et périurbains. Elle masque cependant, en raison de sa dimension essentialiste, la diversité déjà évoquée de ces territoires. Diversité en leur sein, d'abord, comme l'illustre le cas parisien. Jean-Luc Mélenchon arrive en tête du premier tour dans le populaire 19e arrondissement avec plus de 30 % des suffrages, mais réalise moins de 5,5 % dans le très chic 16e. François Fillon rassemble 16 % dans le premier mais 58 % dans le second. Diversité régionale, ensuite, comme l'illustrent les bons résultats du même François Fillon dans son fief de la Sarthe et tout au long du pourtour méditerranéen, traditionnellement favorable aux candidats de la droite, et ceux de Marine Le Pen dans le nord, le sud et l'est de la France. Un effet régional que l'on retrouve également chez Emmanuel Macron. Les six agglomérations qui lui ont été le plus favorables, de taille très différente, sont en effet concentrées en Bretagne (Vitré, Rennes, Quimper, etc.).

Sous bien des aspects, la géographie du vote rappelle que la position sociale, l'histoire locale et les inégalités régionales sont aussi déterminantes, sinon plus, que l'effet taille (qui équivaut à l'intensité du gradient d'urbanité) pour comprendre les rapports de force et les dynamiques électorales. Jean-Luc Mélenchon réalise ainsi de très bons scores dans des villes de tradition ouvrière, politiquement marquées à gauche, comme Decazeville, Cruas ou Vierzon.

On observe en définitive, au niveau national, une mosaïque électorale qui se déploie différemment selon les échelles étudiées, à la manière de l'image renvoyée par un kaléidoscope. Pour le résumer à grands traits, ces inégalités dans le vote recoupent des clivages historiques qui ont pu évoluer au cours du temps : le Sud-Ouest vote plutôt à gauche et au centre gauche, le Sud est désormais dominé par la droite et l'extrême droite après l'avoir été par la gauche, la Bretagne hésite entre le centre droit et le centre gauche après avoir été plutôt favorable aux partis conservateurs. Dans ce paysage, les différences entre des métropoles qui résistent à la progression de l'extrême droite et des périphéries qui y sont plus favorables ressortent. Reste que ces fractures sont moins profondes qu'on ne le croit parfois.

La confiance des Français en leurs institutions

Antoine Bristielle

Qu'elles soient régaliennes (armée, police), de service public (écoles, hôpitaux) ou strictement politiques (Parlement, institution présidentielle), les institutions structurent notre vie de tous les jours. Par ailleurs, pour qu'une démocratie soit fonctionnelle, il est nécessaire que la confiance que les citoyens manifestent dans leurs institutions soit élevée. Mais qu'en est-il en France actuellement ? Comment la confiance dans les institutions évolue-t-elle ? Quels sont les citoyens les plus confiants et les plus défiants ? Et enfin, quelles sont les conséquences de faibles niveaux de confiance institutionnelle ?

Des Français particulièrement défiants envers leurs institutions politiques

Il existe en France un problème majeur de confiance dans les institutions politiques. Selon les données de l'enquête « Fractures françaises[1] » coordonnée par la Fondation Jean-

1. Ipsos/Sopra Steria pour *Le Monde*, le Cevipof, la Fondation Jean-Jaurès et l'Institut Montaigne, « Fractures françaises », septembre 2021.

Jaurès, seuls 29 % des Français affirment avoir confiance dans leurs députés, 16 % ont confiance dans les partis politiques et 37 % dans la présidence de la République. Les chiffres sont encore plus alarmants lorsqu'on s'intéresse aux personnes déclarant avoir « tout à fait confiance » dans ces différentes institutions. Les taux chutent alors respectivement à 2 %, 1 % et 7 %. Surtout, ce phénomène de défiance envers nos institutions politiques semble être une maladie bien française. Lorsqu'on compare notre situation à celle de nos voisins européens, la différence est manifeste, comme le montre le graphique suivant. Notre confiance politique se rapproche beaucoup de celle de pays d'Europe du Sud (Espagne, Italie) ayant connu une histoire politique extrêmement tumultueuse ces dernières décennies. Pire, nous apparaissons assez proches en termes de confiance institutionnelle de pays d'Europe centrale dont les institutions sont tout sauf stables. À l'inverse, nous sommes assez éloignés de nos voisins d'Europe de l'Ouest et d'Europe du Nord manifestant, eux, des niveaux de confiance institutionnelle élevés.

Une défiance envers les institutions politiques uniquement

Si la confiance des Français dans leurs institutions politiques est donc extrêmement réduite, la situation est très différente concernant les institutions régaliennes et de service public. Les taux de confiance envers la police (75 %), l'armée (81 %) ou l'école (73 %) sont ainsi particulièrement élevés. De même, ce ne sont pas les niveaux de confiance interpersonnelle qui viennent distinguer les Français des autres pays européens. Lorsqu'on crée une échelle de la confiance interpersonnelle synthétisant la confiance dans la famille, les voisins, les gens connus personnellement, les personnes rencontrées pour la première fois, celles d'une autre religion et d'une autre nationalité, on constate assez rapidement que la France se situe dans la moyenne. Nous restons certes assez loin des pays nordiques, mais largement dans la moyenne européenne, et même à un niveau supérieur à celui de notre voisin allemand. Le problème principal de la France concerne bien uniquement la défiance envers les institutions politiques.

Échelle de la confiance politique dans différents pays européens en 2017[1]

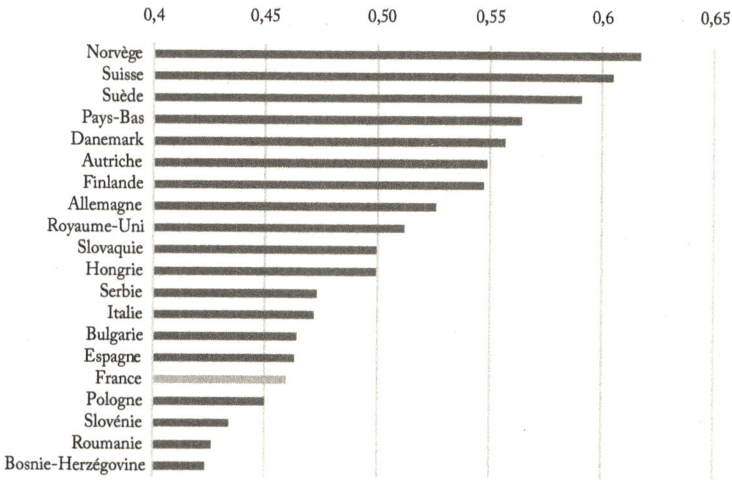

1. Échelle additive de la confiance dans les partis politiques et dans le gouvernement national à partir des données de l'« European Value Study », enquête de référence sur les valeurs des Européens menée depuis les années 1980. L'échelle va de 0 à 1.

Qui sont les défiants ?

Si les Français manifestent des niveaux de défiance différents en fonction de leurs caractéristiques sociopolitiques, il est néanmoins bien nécessaire de comprendre que ce phénomène touche quasiment toutes les catégories de la population de manière massive. Concentrons-nous par exemple sur la confiance dans l'institution présidentielle[1], pilier s'il en est de la Ve République. Le taux de confiance dans cette institution politique augmente avec l'âge, il passe de 35 % chez les 18-24 ans à 44 % chez les 65 ans et plus. Le niveau de diplôme est également un facteur déterminant : le taux de confiance n'est que de 36 % chez les personnes possédant moins qu'un brevet d'études professionnelles alors qu'il monte à 47 % chez les personnes d'un niveau supérieur à bac+2. Pour autant, il est frappant de constater que, dans les catégories sociales les plus diplômées et les plus âgées, c'est bien là aussi la défiance qui est majoritaire !

Sans surprise, ces niveaux de confiance se manifestent par des comportements politiques singuliers, que l'on a pu largement observer au moment de l'élection présidentielle de 2017. Plus on s'éloigne du cœur du pouvoir, plus les niveaux de confiance s'affaissent. Alors que 70 % de ceux qui ont voté Emmanuel Macron en 2017 ont confiance dans l'institution présidentielle, ce chiffre passe à 26 % chez les électeurs de Jean-Luc Mélenchon, 18 % chez les électeurs de Marine Le Pen et 25 % chez les abstentionnistes. La forte confiance

1. OpinionWay pour la Fondation Jean-Jaurès, le Cevipof, l'Institut Montaigne, la Fondation pour l'innovation politique et le Conseil économique, social et environnemental, « En qu(o)i les Français ont-ils confiance aujourd'hui ? », Baromètre de la confiance politique, vague 12, février 2021.

dans les institutions n'est donc plus à l'heure actuelle que l'apanage de ceux qui se sentent proches du parti au pouvoir.

Une évolution préoccupante de la confiance dans les institutions politiques

Si les Français se caractérisent ainsi par une forte défiance envers leurs institutions politiques, qu'en est-il de la dynamique de long terme ? C'est à nouveau un problème majeur qui se donne à voir. Cette confiance des Français dans leurs institutions politiques a fortement baissé depuis une vingtaine d'années. Le graphique suivant le montre bien. Même si des effets liés aux périodes électorales sont visibles, globalement, la confiance dans les partis politiques et dans le gouvernement est en chute nette.

Des résultats similaires sont constatés par les chercheurs du Cevipof de Sciences Po Paris. Selon son Baromètre de la confiance politique publié chaque année, entre 2009 et 2020, la confiance dans l'Assemblée nationale est passée de 39 % à 26 %, et la confiance dans l'institution présidentielle, de 34 % à 25 %. Elle a surtout baissé dans les catégories populaires, alors qu'elle est restée stable dans les catégories moyennes et supérieures. Il est également assez intéressant de constater que l'augmentation de la défiance envers les institutions politiques en France est assez similaire à celle observée dans d'autres pays du sud de l'Europe. À l'inverse, la confiance dans les institutions politiques a largement tendance à augmenter dans ceux du nord de l'Union européenne[1].

1. Marta Kolczynska, Paul-Christian Bürkner, Lauren Kennedy et Aki Vehtari, *Modeling Public Opinion over Time and Space: Trust in State Institutions in Europe, 1989-2019*, 2020.

Évolution de la confiance des Français envers les partis politiques et le gouvernement de 2001 à 2019[1]

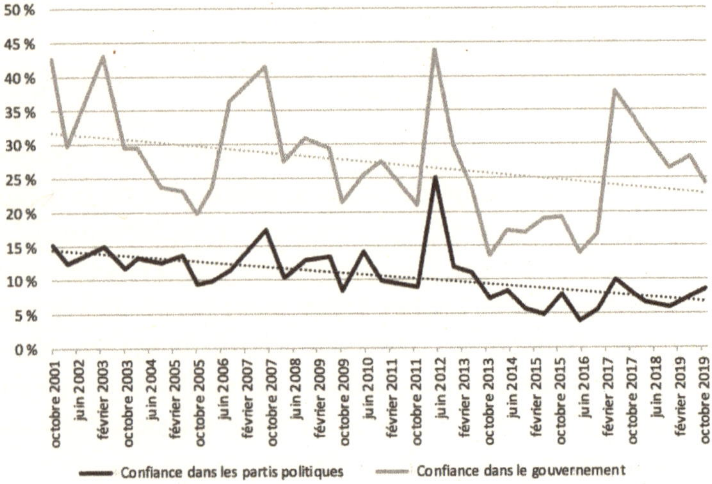

Les effets délétères de la défiance institutionnelle

La confiance dans les institutions politiques, ce n'est pas seulement quelques chiffres abstraits que l'on égrène au fil de ces pages. Elle se manifeste au contraire par des effets extrêmement concrets dans le rapport entre les gouvernants et les gouvernés. Cela s'était particulièrement constaté lors de la première vague de l'épidémie de Covid-19 : plus les taux de confiance dans les institutions étaient élevés, plus les pays avaient misé sur la responsabilité individuelle pour lutter contre l'épidémie, quand les pays à faibles niveaux de

1. Données issues des Eurobaromètres semestriels de la Commission européenne. L'objectif des Eurobaromètres est de mesurer tous les six mois l'évolution de l'opinion des citoyens européens.

confiance avaient au contraire opté pour des mesures largement coercitives[1]. Or ces mesures incitatives avaient été mieux respectées et avaient abouti, dans la première phase de l'épidémie, à une plus faible mortalité. Un véritable cercle vertueux. Mais si les niveaux de confiance ont un impact certain sur le type de mesures que les gouvernements prennent, ils influencent aussi largement la façon dont les citoyens considèrent leur rapport à ces institutions. Plus les citoyens sont défiants envers elles, plus ils ont tendance à s'abstenir lors des élections, à ne pas respecter les règles, voire à développer des attitudes conspirationnistes, qui à bien des égards ne sont que le stade suprême de la défiance institutionnelle.

D'année en année, la confiance des Français dans leurs institutions politiques s'érode donc, pour atteindre à l'heure actuelle des niveaux particulièrement alarmants. Si cette confiance remonte avec l'âge et le niveau de diplôme, c'est néanmoins au sein d'une France majoritairement défiante que nous évoluons aujourd'hui. Or une telle situation n'est pas sans risque : la confiance a un fort impact sur la nature des décisions prises par les gouvernements et sur la façon dont elles sont perçues par les citoyens. En période électorale, la question de la confiance prend également un aspect essentiel : en 2017, plus les personnes étaient défiantes envers leurs institutions, plus elles s'étaient abstenues lors de l'élection présidentielle. Un phénomène appelé à se renouveler en 2022 ?

1. Pour un développement en détail de cette question, voir Antoine Bristielle, *À qui se fier ? De la crise de confiance institutionnelle à la crise sanitaire*, Paris, Fondation Jean-Jaurès/L'Aube, 2021.

Le genre influence-t-il (encore) les attitudes et comportements politiques ?

Anja Durovic

Depuis les années 1950, une multitude de travaux en science politique, notamment dans le champ des comportements et attitudes politiques, décrivent et expliquent un phénomène appelé le *gender gap*, signifiant qu'il existe un écart dans certains comportements ou attitudes politiques selon le genre. Cet important corpus de travaux a notamment montré qu'en général les femmes participent moins à la politique[1], s'y intéressent moins[2] et ont moins de connaissances politiques que les hommes[3]. Or, depuis le milieu du XXe siècle, la société française, comme beaucoup d'autres sociétés occidentales, s'est caractérisée par une hausse inédite des taux d'éducation et

---

1. Maurice Duverger, *La Participation des femmes à la vie politique*, Paris, Unesco, 1955.
2. Sidney Verba, Nancy Burns et Kay Lehman Schlozman, « Knowing and caring about politics: Gender and political engagement », *The Journal of Politics*, vol. 59, n° 4, 1997, p. 1051-1072.
3. Jean Chiche et Florence Haegel, « Les connaissances politiques » *in* Gérard Grunberg, Nonna Mayer et Paul Sniderman (dir.), *La Démocratie à l'épreuve. Une nouvelle approche de l'opinion des Français*, Paris, Presses de Sciences Po, 2002, p. 273-292.

d'emploi des femmes. Ces dernières sont également de plus en plus présentes dans les institutions de la démocratie représentative – quoique à des degrés divers. Selon certains chercheurs, les différences de genre dans le rapport au politique devraient donc se réduire considérablement dans les pays qui ont connu ce type d'évolution associée à la modernisation[1].

En effet, le sexe social, autrement dit le genre[2] – soit la manière de représenter les hommes et les femmes dans leurs rôles, ce qui est perçu comme typiquement féminin ou masculin et les normes sociales qui définissent ce que devrait ou ne devrait pas faire un homme ou une femme –, se transforme avec le temps[3]. Aujourd'hui, de nouvelles générations de femmes et d'hommes sont socialisées dans des sociétés où l'égalité entre les genres s'est considérablement améliorée et où la politique n'est plus uniquement une affaire d'hommes. Plus important encore, les femmes ont progressivement bénéficié de facteurs favorables à la politisation et à l'engagement politique (comme le niveau de diplôme, l'activité professionnelle ou le revenu).

---

1. Ronald F. Inglehart et Pippa Norris, *Rising Tide: Gender Equality and Cultural Change Around the World*, Cambridge, Cambridge University Press, 2003, p. 104.
2. Les conceptions traditionnelles du sexe dominent les enquêtes en sciences sociales (notamment les pratiques de mesure dans la recherche par sondage). Par conséquent, la plupart des enquêtes en sciences sociales ne prennent en compte que le sexe de la personne interrogée et non son identité de genre. Les conceptions non binaires du genre sont encore largement absentes.
3. Janine Mossuz-Lavau, « Genre et politique. La marche vers l'indifférenciation » *in* Anne Muxel (dir.), *La Vie privée des convictions. Politique, affectivité, intimité*, Paris, Presses de Sciences Po, 2014, p. 169-186.

Ces évolutions ont-elles conduit à une ressemblance du rapport au politique entre les femmes et les hommes ? Le genre a-t-il encore un effet sur les attitudes et les comportements politiques aujourd'hui ? Afin de répondre à ces questions, nous allons regarder de plus près les résultats des études françaises et internationales. En comparant les conclusions des travaux antérieurs avec celles d'études plus récentes, nous pourrions mieux évaluer l'évolution des effets du genre sur le rapport au politique.

Genre et attitudes politiques : des écarts persistants et des interactions importantes

Depuis les années 1970, les études sur les attitudes politiques affirment que les hommes s'intéressent davantage à la politique[1] et ont davantage de connaissances politiques que les femmes[2]. Par exemple, en France comme à l'échelle européenne, l'intérêt déclaré pour la politique est en moyenne de 16 % inférieur chez les femmes que chez les hommes. Cela dit, il peut exister de grandes différences d'un pays à l'autre : l'écart entre les femmes et les hommes en matière d'appétence politique va de 9 % en Finlande à 28 % au Portugal et à 34 % en Autriche[3]. Ce qui est particulièrement frappant, c'est l'effet spécifique du genre sur les connaissances politiques ou l'intérêt pour la politique, c'est-à-dire l'effet négatif et significatif du

1. Sidney Verba, Nancy Burns et Kay Lehman Schlozman, *art. cit.*
2. Jean Chiche et Florence Haegel, *art. cit.*
3. Marta Fraile et Raul Gomez, « Bridging the enduring gender gap in political interest in Europe: The relevance of promoting gender equality », *European Journal of Political Research*, vol. 56, n° 3, 2017, p. 601-618.

fait d'être une femme sur le niveau d'intérêt pour la politique, tout en contrôlant en parallèle les effets d'autres facteurs sociodémographiques. Autrement dit, une femme ayant le même âge, le même niveau de diplôme et la même activité socioprofessionelle qu'un homme aura toujours en moyenne un niveau d'intérêt pour la politique plus faible que celui-ci.

Il convient de souligner que l'influence du genre sur l'intérêt pour la politique ou sur les connaissances politiques, bien qu'elle subsiste, interagit aussi avec d'autres facteurs sociaux. En d'autres termes, les effets du genre sont souvent exacerbés par des effets de diplôme, d'âge et de contexte. Par exemple, l'impact du niveau de diplôme sur les connaissances politiques est plus important sur les femmes que sur les hommes. En même temps, cet écart genré augmente dans une large mesure avec l'âge, ce qui semble être une conséquence directe du renouvellement générationnel[1].

En outre, l'ampleur des différences dans l'intérêt pour la politique entre les hommes et les femmes semble être liée au degré d'égalité entre les genres de chaque pays. Les pays plus égalitaires du point de vue du genre sont également ceux qui présentent des écarts moins importants concernant l'intérêt politique des femmes et des hommes. En d'autres termes, la promotion de l'égalité femmes-hommes en matière économique et politique contribue à réduire l'ampleur des différences entre les genres dans leur rapport à la politique[2]. Néanmoins, la persistance des inégalités de genre en matière d'appétence et de connaissances politiques, même chez

1. Marta Fraile, « Do women know less about politics than men? The gender gap in political knowledge in Europe », *Social Politics*, vol. 21, n° 2, 2014, p. 261-289.
2. Marta Fraile et Raul Gomez, *art. cit.*

les plus jeunes et les plus éduqués, a poussé la recherche à étudier ce phénomène à la source, c'est-à-dire par l'examen du type de réponses et de questions qui font apparaître ces différences genrées.

Des réponses et questionnaires genrés

Nous savons aujourd'hui qu'au moins une petite partie des différences de genre en matière de connaissances politiques est due à des manières de répondre aux questions posées. En cas d'incertitude quant à la réponse correcte, les hommes ont tendance, davantage que les femmes, à « deviner » les bonnes réponses[1]. Cela se voit avant tout dans la part plus élevée des femmes qui choisissent d'utiliser l'option « Ne sait pas ». En outre, il existe aujourd'hui une multitude d'enquêtes qui soulignent qu'une partie de ce *gender gap* en matière de connaissances politiques dépend également des sujets spécifiques couverts par les questions de connaissances politiques dans les enquêtes[2]. Parmi les questions posées par la majorité des questionnaires, très peu peuvent être considérées comme plus importantes pour les femmes. Autrement dit, les questionnaires avantagent les hommes en choisissant des sujets plus pertinents pour eux que pour les femmes. Les études qui font l'effort d'inclure des questions sur les congés de maternité ou la politique d'éducation nationale montrent qu'il n'y a plus d'écart significatif, voire des écarts inversés pour ces questions.

---

1. Marta Fraile, *art. cit.*
2. *Ibid.* ; Marta Fraile et Jessica Fortin-Rittberger, « Unpacking gender, age, and education knowledge inequalities: A systematic comparison », *Social Science Quarterly*, vol. 101, n° 4, 2020, p. 1653-1669.

D'après ces études, on devrait se montrer plus prudent avant d'affirmer que les femmes auraient moins de connaissances politiques que les hommes. Il existe plutôt des sujets spécifiques auxquels les femmes s'intéressent particulièrement, et qui concernent souvent des aspects pratiques relatifs à ces connaissances politiques, tels que les prestations et les services gouvernementaux, étant donné qu'elles sont plus susceptibles d'être bénéficiaires des services publics et des politiques de l'État providence, ainsi que d'être employées dans le secteur public[1]. En ce qui concerne l'appétence pour la politique, des recherches plus récentes remettent également en question l'idée selon laquelle les femmes sont moins attirées par la politique que les hommes, en montrant qu'elles s'intéressent plutôt à des questions différentes. En effet, dans le cas de l'Angleterre, il apparaît que les femmes sont plus affectées par les enjeux locaux que les hommes, qui, eux, sont plus concernés par des enjeux nationaux et internationaux[2].

Genre et comportements politiques : des évolutions plus hétérogènes qu'on ne le pensait

Un autre constat longtemps souligné par des travaux de science politique concerne l'écart d'engagement entre les femmes et les hommes dans la participation politique. On parle également de *gender gap* de la participation politique.

1. Dietlind Stolle et Elisabeth Gidengil, « What do women really know? A gendered analysis of varieties of political knowledge », *Perspectives on Politics*, vol. 8, n° 1, 2010, p. 93-109.
2. Hilde Coffé, « Women stay local, men go national and global? Gender differences in political interest », *Sex Roles*, n° 69, 2013, p. 323-338.

En effet, les travaux sur les comportements politiques ont beaucoup insisté sur le fait que les femmes étaient moins engagées politiquement que les hommes – pas seulement s'agissant des élites politiques, mais aussi des citoyens ordinaires[1]. En ce qui concerne ces inégalités de genre dans la participation citoyenne à la vie politique d'un pays, des recherches plus récentes nuancent ces affirmations en montrant que les écarts de niveaux de participation politique entre les femmes et les hommes ont évolué au fil du temps : ils se sont réduits, voire parfois inversés selon le mode d'action[2]. Si les femmes sont en moyenne moins susceptibles que les hommes de participer à des campagnes politiques, de contacter des politiciens, d'être membre de partis ou d'autres organisations, elles sont en revanche plus impliquées que les hommes dans la signature de pétitions et dans la consommation engagée[3].

Néanmoins, il convient de ne pas se contenter de regarder des moyennes agrégées entre toutes les femmes et tous les hommes, qui peuvent cacher des écarts plus importants entre différents groupes d'hommes et de femmes, voire des tendances dans le temps[4]. En effet, si aujourd'hui les femmes contribuent davantage que les hommes à la signature de pétitions ou aux élections nationales, c'est en partie dû au renouvellement générationnel, car on observe notamment

1. Maurice Duverger, *op. cit.*
2. Anja Durovic, « A longitudinal analysis of gendered patterns in political action in France: A generational story? », *French Politics*, vol. 15, n° 2, 2017, p. 418-442 ; *id.*, « The gender gap paradox. Citizenship, cohort change and the evolution of gender inequalities in political participation in Western Europe (1981-2016) », thèse à l'Institut d'études politiques de Paris, 2020.
3. *Id.*, « The gender gap paradox... », *op. cit.*
4. *Ibid.*

une participation accrue des jeunes générations de femmes à ces modes d'action. D'ailleurs, dans quasiment toutes les formes de participation politique, l'ampleur des écarts d'engagement diminue parmi les cohortes les plus récentes, du fait des différences générationnelles concernant le niveau d'éducation, la religiosité et la politisation. Chez les jeunes générations de femmes, il n'y a plus d'effets négatifs et durables du retard dans l'accès au droit de vote, contrairement à des générations de femmes plus âgées (chez qui on observe cet effet négatif et durable dans l'accès au droit de vote)[1]. Par contre, si les inégalités de genre dans l'engagement pour les partis ou les campagnes politiques diminuent, cette évolution tient surtout davantage à la baisse de la participation des hommes qu'à l'accroissement de la participation des femmes dans ces formes d'engagement[2].

L'impact du genre sur le choix de vote ou la question de la persistance d'un *gender gap* électoral

Alors que les femmes se rendent aujourd'hui autant, voire davantage aux urnes que les hommes pour les élections nationales, en France comme ailleurs, elles n'ont pas toujours les mêmes préférences de vote que les hommes. Entre les années 1940 et 1960, en France et dans la plupart des démocraties occidentales, les femmes étaient plus susceptibles de voter pour les partis conservateurs que les hommes en raison de leur forte religiosité[3]. À partir des années 1970, cette tendance s'érode progressivement et,

1. *Ibid.*
2. *Ibid.*
3. Maurice Duverger, *op. cit.*

à partir du milieu des années 1980, les Françaises votent autant à gauche que les Français[1]. Vers la fin des années 1990 et 2000, on observe un léger survote des femmes pour les partis de gauche ; cependant, cette tendance est la plupart du temps beaucoup plus faible, voire insignifiante en France par rapport à d'autres démocraties occidentales[2]. Toutefois, depuis la percée électorale des droites radicales populistes observée en Europe depuis la fin des années 1980, une autre période du *gender gap* électoral a commencé, celle du *radical right gender gap*[3], désignant une plus grande réticence des femmes à voter pour les partis populistes de la droite radicale en Europe. Ce phénomène a été particulièrement marqué en France, mais depuis que Marine Le Pen est devenue présidente du Rassemblement national (RN), on n'observe quasiment plus d'écart dans le niveau de soutien des femmes et des hommes, en tout cas au niveau national[4].

Les recherches plus récentes mettent en évidence l'importance de l'étude de l'interaction des effets du genre avec d'autres facteurs sociodémographiques, comme la génération ou la situation professionnelle, pour comprendre les effets du

1. Janine Mossuz-Lavau, « Le vote des femmes en France (1945-1993) », *Revue française de science politique*, vol. 43, n° 4, 1993, p. 673-689.
2. *Id.*, « L'évolution du vote des femmes », *Pouvoirs*, n° 82, 1997, p. 35-44 ; Jeff Manza et Clems Brooks, « The gender gap in US presidential elections: When? Why? Implications? », *American Journal of Sociology*, vol. 103, n° 5, 1998, p. 1235-1266.
3. Terri E. Givens, « The radical right gender gap », *Comparative Political Studies*, vol. 37, n° 1, 2004, p. 30-54.
4. Abdelkarim Amengay, Anja Durovic et Nonna Mayer, « L'impact du genre sur le vote Marine Le Pen », *Revue française de science politique*, vol. 67, n° 6, 2017, p. 1067-1087.

genre sur les comportements électoraux contemporains. Par exemple, dans les générations plus âgées, les femmes votent toujours plus à droite que les hommes en raison de leur plus grande religiosité, alors que, dans les cohortes plus jeunes, plus laïques, la préoccupation plus importante des femmes pour l'égalité économique et l'intervention de l'État et, dans une moindre mesure, pour les valeurs libérales les fait voter plus à gauche que les hommes[1].

Étant donné que l'effet du genre sur le choix de vote varie ainsi d'une génération à l'autre, les recherches qui se concentrent uniquement sur l'écart global entre tous les hommes et toutes les femmes sous-estiment les effets du genre dans certains groupes sociaux. Un exemple récent à cet égard est le vote pour le RN lors des élections présidentielles, qui a doublé pour la catégorie d'âge des 18-26 ans entre 1988 et 2017. Or, il a quadruplé pour les femmes du même groupe d'âge dans la même période[2]. Ces jeunes électrices du RN se trouvent professionnellement dans des situations moins stabilisées et sont tendanciellement plus au chômage que les hommes[3]. Cela souligne encore une fois la nécessité de regarder de plus près comment les inégalités de genre se déclinent dans différents groupes d'âge et différents milieux sociaux.

1. Rosalind Shorrocks, « Cohort change in political gender gaps in Europe and Canada: The role of modernization », *Politics & Society*, vol. 46, n° 2, 2018, p. 135-175.
2. Abdelkarim Amengay, Anja Durovic et Nonna Mayer, *art. cit.*
3. Christèle Marchand-Lagier, « Le vote des femmes pour Marine Le Pen. Entre effet générationnel et précarité socio-professionnelle », *Travail, genre et sociétés,* vol. 40, n° 2, 2018, p. 85-106.

Conclusion

Pour clore, on peut donc retenir qu'il existe encore clairement un effet spécifique du genre sur les attitudes et les comportements politiques. Cependant, cet effet n'est pas fixe, il évolue dans le temps et de manière différente en fonction des pays. Si seules les femmes avaient voté, Hillary Clinton aurait remporté l'élection présidentielle américaine de 2016. Cependant, pour comprendre l'effet du genre sur le vote Marine Le Pen en 2017, il ne suffit pas de regarder les moyennes agrégées de toutes les femmes et tous les hommes et l'écart entre elles. Le genre interagit avec d'autres déterminants des attitudes et comportements politiques (notamment l'âge, le niveau d'éducation, la classe sociale ou l'origine nationale). On ne peut appréhender les différences de genre en matière de vote, d'engagement politique et même d'intérêt et connaissances politiques en France et ailleurs sans s'intéresser à ces interactions.

Nous avons aussi montré qu'appréhender les effets du genre sur les attitudes et comportements politiques implique également de s'intéresser aux hommes car, comme nous l'avons vu, certains changements dans l'évolution des différences de genre dans les comportements politiques peuvent aussi relever d'eux, et non pas des femmes. En outre, il faut prendre en compte le fait qu'en raison de leurs expériences et socialisations différentes, les hommes et les femmes peuvent s'intéresser à différents sujets politiques, avoir différentes expertises et s'engager politiquement de manière différente. Cependant, si cette variété en termes de connaissances et d'engagements politiques n'est pas incorporée dans les questionnaires ou les enquêtes, on risque avant tout d'invisibiliser le rapport au politique des femmes.

Les jeunes renouvellent-ils la politique ?

Amaïa Courty

À quelques mois de l'élection présidentielle de 2022, la ronde des sondages d'opinion et son cortège d'analyses électorales reprennent dans les médias, comme une litanie. Jour après jour, les commentateurs s'interrogent et tentent de dresser un portrait, parfois tronqué, des électeurs et de leurs aspirations, notamment des jeunesses.

Les jeunes seraient abstentionnistes, ne s'intéresseraient pas à la politique ou encore voteraient massivement pour le Rassemblement national. Ce nouveau rapport au vote et à la politique des jeunes interroge et inquiète à chaque élection, parce que le France enregistre une baisse de la participation électorale qui s'est généralisée[1] et qui touche particulièrement les nouvelles générations. Aux élections régionales et départementales de juin 2021, seuls 35 % des électeurs se sont rendus aux urnes et, parmi eux, 15 % des 18-25 ans[2]. Pourtant, selon le politiste Ronald F. Inglehart,

1. Céline Braconnier et Jean-Yves Dormagen, *La Démocratie de l'abstention*, Paris, Gallimard, « Folio », 2007.
2. Sondage Ipsos/Sopra Steria réalisé pour Radio France et France Télévisions, « Sociologie des électorats et profil des abstentionnistes », juin 2021.

le développement économique et social des sociétés industrielles européennes à la fin du XXe siècle devait mener à une augmentation de la participation politique des citoyens[1]. L'élévation du niveau d'éducation et la plus grande implication des femmes dans la vie politique permettraient l'avènement de citoyens bien informés sur la politique et multiparticipants. La réalité aujourd'hui en France semble pourtant plus complexe. Face à ces constats quelque peu alarmants, il s'agit ici de dresser un portrait peut-être moins manichéen et plus positif des jeunes Français dans leur rapport au politique et d'essayer de comprendre les spécificités des nouvelles générations en termes de comportements et d'idées politiques par rapport aux précédentes.

Pas intéressés par la politique, les jeunes ? Plus conservateurs ? Ou simplement une génération plus complexe, plus fragmentée et moins homogène qu'il n'y paraît ? C'est ce que je vais tenter de savoir en me basant sur les données d'une enquête quantitative réalisée en janvier et février 2020 auprès de 6 000 Français représentatifs de la population française, dont 4 000 jeunes de 18 à 40 ans[2].

S'intéresser pour participer ?

En France, 60 % des jeunes de 18 à 36 ans se déclarent intéressés par la politique, mais ils sont bien moins nombreux que dans les cohortes les plus anciennes. Bien que

1. Ronald F. Inglehart, *Culture Shift in Advanced Industrial Society*, Princeton, New Jersey, Princeton University Press, 1989.
2. Enquête « Jeunesses, citoyenneté et inégalités socio-spatiales », réalisée par Internet par Ipsos pour Sciences Po Bordeaux en janvier et février 2020.

ce phénomène ne soit pas nouveau, il interpelle ici par sa durée. En effet, on observe que non seulement les 18-25 ans sont moins intéressés par la politique que les 59-69 ans, par exemple, mais que l'intérêt pour la politique augmente peu chez les 26-47 ans par rapport aux 18-25 ans. Le manque d'appétence pour la politique concerne donc en France plus de citoyens qu'on ne le suppose généralement.

Intérêt pour la politique selon les générations

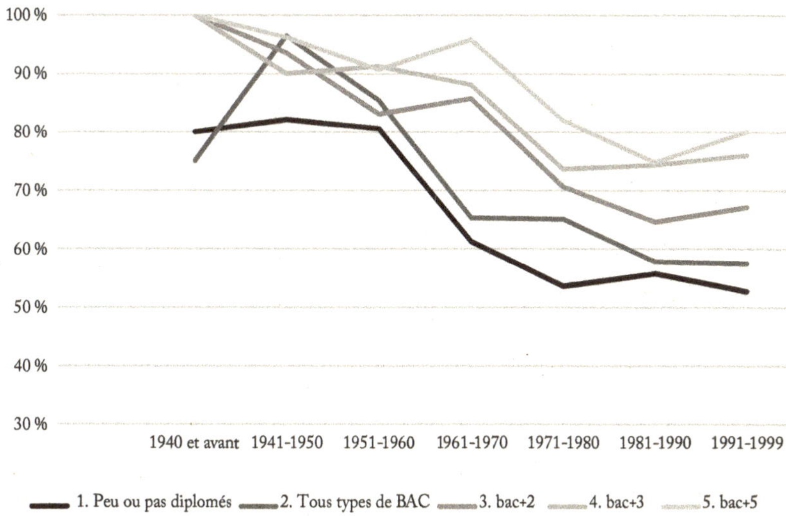

Source : enquête « Jeunesses, citoyenneté et inégalités socio-spatiales », réalisée par Internet par Ipsos pour Sciences Po Bordeaux en janvier et février 2020.

L'effet du cycle de vie sur l'intérêt et la participation politiques des citoyens est depuis longtemps débattu, dans la mesure où l'étape de transition entre adolescence et âge adulte s'est prolongée. Cependant, même en tenant compte de l'allongement de la période de jeunesse, le désintérêt pour la politique semble persister dans le temps et ne peut donc plus être considéré comme le « moratoire » de la jeunesse[1]. Effet de période, les individus nés dans les années 1970-1980 et après sont arrivés à l'âge adulte dans des conditions très différentes de celles des enfants du *baby-boom*, avec un affaiblissement progressif des syndicats et des partis politiques, d'une part, et une intégration sur le marché du travail de plus en plus difficile, d'autre part. Ils sont donc moins intéressés par la politique, et ce, de manière plus durable.

Les ressources socio-économiques, notamment le niveau de diplôme, sont régulièrement évoquées pour expliquer la participation politique et l'intérêt pour la politique. Les chercheurs ont depuis longtemps démontré le lien entre niveau d'éducation et intérêt pour la politique. Le fait que l'expression d'un désintérêt envers la politique soit plus présente chez les individus les moins diplômés confirme la théorie du cens caché de Daniel Gaxie[2], les citoyens les moins diplômés se sentant moins compétents en matière politique, et donc moins à même de déclarer s'y intéresser. Ce rapport entre niveau de diplôme et intérêt pour la politique est d'autant plus prégnant dans les groupes les plus récents, puisque 52 % des jeunes non diplômés nés entre 1991 et 1999 se déclarent intéressés par la politique, contre 80 % des titulaires d'un bac+5 de la même génération. Outre le fait que les écarts se creusent entre les générations en termes d'intérêt pour la politique, les jeunesses d'aujourd'hui se déclarant moins intéressées par la politique que leurs

1. Anne Muxel, *L'Expérience politique des jeunes*, Paris, Presses de Sciences Po, 2001.
2. Daniel Gaxie, *Le Cens caché. Inégalités culturelles et ségrégation politique*, Paris, Seuil, 1978.

aînés, les écarts à l'intérieur des générations se creusent également. En matière d'intérêt pour la politique comme en matière de participation électorale, il existe un biais systématique en faveur des citoyens les plus privilégiés et contre les citoyens les moins avantagés. Les plus diplômés continuent de jouer le jeu du système électoral alors que ceux qui le sont moins s'éloignent de plus en plus des urnes et sont de ce fait invisibilisés dans les débats politiques comme à l'Assemblée.

Peut-on en déduire que les jeunes les plus diplômés sont satisfaits de leurs représentants politiques, ou que les jeunes Français les moins diplômés sont apathiques ? La non-participation des jeunes aux élections présidentielles et leur désaffectation de la politique ne sont pas forcément la conséquence d'un désintérêt pour les questions sociales ou de politique générale, mais plutôt une mise à distance des représentants politiques. Les citoyens d'aujourd'hui et ceux « qui viennent[1] » sont mieux informés que leurs aînés et mieux à même de comprendre ces informations grâce à l'augmentation générale du niveau de diplôme. Ceux qui sont distants ne verraient pas leur rôle de citoyen comme un devoir mais comme un droit, de sorte que le rapport au politique est fortement modifié par rapport aux générations plus anciennes. Peut-être un peu plus circonspects vis-à-vis de l'offre politique, les citoyens qui viennent « ont plus de chances d'être déçus par les politiques menées et sont plus capables de mesurer l'écart entre les promesses de campagne et les réalisations gouvernementales[2] ».

1. Vincent Tiberj, *Les citoyens qui viennent. Comment le renouvellement générationnel transforme la politique en France*, Paris, Presses universitaires de France, 2017.
2. *Ibid.*

Le positionnement gauche/droite par cohortes

Cet effet de distance est largement renforcé depuis 2017 par le réalignement politique à l'œuvre en France. Les citoyens ont de plus en plus de mal à se positionner sur un axe gauche/droite et les non-affiliés sont de plus en plus nombreux. On constate en 2017 un net recul du positionnement à gauche des ouvriers et des catégories populaires, ainsi que des classes moyennes et des cadres[1], et plus globalement de toutes les générations. Ce désengagement vis-à-vis de la gauche ne profite pas pour autant à la droite, et c'est la non-affiliation qui domine dans toutes les catégories sociales.

On constate d'abord que, dans les générations les plus anciennes, 50 % des individus continuent de se placer plutôt à gauche ou plutôt à droite. Ces générations sont également plus favorables à un placement à droite ou « ni de gauche, ni de droite » qu'à un placement à gauche. À partir de la génération 1961-1970, le positionnement classique « être plutôt à gauche » ou « être plutôt à droite » décroît progressivement pour atteindre ses taux les plus bas chez les jeunes nés entre 2000 et 2002. Dans ce groupe, seuls 15 % des personnes interrogées se déclarent à droite et 18 % se déclarent à gauche. On pourrait penser que ce défaut de positionnement classique se retrouve dans une augmentation du choix « ni de gauche, ni de droite », mais il n'en est rien. Les citoyens des générations les plus récentes ne se positionnent pas plus dans cette catégorie que ceux nés avant 1940. Ce qui différencie particulièrement les jeunes

1. Vincent Tiberj, « *Running to stand still* ». Le clivage gauche/droite en 2017 », *Revue française de science politique*, vol. 67, n° 6, 2017, p. 1089-1112.

nés entre 1991 et 2002 des personnes nées avant 1960, c'est leur incapacité à choisir parmi les trois propositions qui leur sont faites. 18 % des jeunes nés entre 1991 et 1999 et 24 % des jeunes nés entre 2000 et 2002 ont déclaré ne pas savoir se positionner sur cet axe gauche/droite. Il est intéressant de souligner que les plus jeunes ne sont pas les seuls à éprouver des difficultés à se positionner parmi ces catégories. En effet, cette augmentation du défaut de positionnement est déjà lisible dans le groupe né entre 1961 et 1970 et augmente régulièrement d'une génération à l'autre. Historiquement, le positionnement politique des jeunes générations était plus favorable à la gauche et le positionnement à droite, considéré comme plus conservateur, l'apanage des citoyens plus âgés. L'une des explications de cette progression récente du désalignement politique serait le rejet de la politique des principaux partis de gouvernement de gauche comme de droite. Le placement politique des post-*baby-boomers*, mais surtout des générations les plus récentes, peut être « un rejet motivé et informé, produit aussi par leurs expériences des alternances politiques et, pour certains, des déceptions qu'elles ont causées[1] ».

Ainsi, les jeunes Français sont toujours intéressés par la politique mais sont globalement déçus des partis politiques et de leurs représentants. Se positionner à gauche ou à droite de l'échiquier politique nécessite une adéquation entre les valeurs que portent les individus et l'offre politique proposée. Le clivage gauche/droite est toujours important pour l'ensemble des Français, mais le flou politique actuel rend difficile un positionnement serein d'un côté ou de l'autre de cet axe classique. Les enjeux portés par les différents partis

1. *Ibid.*

politiques lors des campagnes électorales, mais également lorsqu'ils sont au pouvoir, ne permettent plus de définir de lignes idéologiques claires séparant les différents mouvements politiques, notamment d'un point de vue économique et social. En témoignent les débats actuels sur l'immigration et la laïcité, qui ne reflètent pas nécessairement le positionnement réel des Français en termes de valeurs, surtout parmi les générations les plus récentes.

Positionnement politique par génération

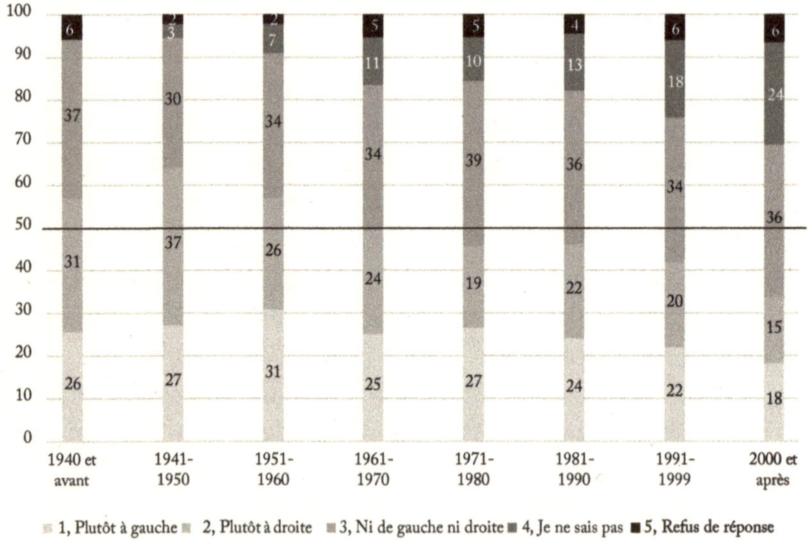

Source : enquête « Jeunesses, citoyenneté et inégalités socio-spatiales », op. cit.

Conservatisme des jeunesses

Le débat politique à droite s'est largement resserré ces dernières années sur la question de l'immigration et des « valeurs » de la République. Dans la presse écrite et audiovisuelle, les différents candidats LR s'expriment en particulier sur ces sujets-là, tout comme le fait Marine Le Pen pour le RN depuis des années, ainsi que le polémiste Éric Zemmour. Ce dernier arriverait même en tête dans les sondages d'opinion. Dans la mesure où il porte un discours radical concernant les droits des femmes et des immigrés, la position de l'opinion publique à son sujet peut laisser penser que les citoyens français sont en phase de repli et tendent de plus en plus au conservatisme culturel et politique. Ce repli toucherait également les générations les plus jeunes, auprès desquelles Marine Le Pen se targue d'être le premier parti.

Or, les statistiques récentes et les recherches sur les valeurs des Français menées depuis de nombreuses années semblent plutôt montrer le phénomène inverse. En effet, d'un point de vue culturel, les valeurs des Français ont évolué depuis les années 1980 et les premières enquêtes à ce sujet, et l'on assiste globalement à une baisse de l'intolérance. Les générations les plus récentes ne font pas exception, elles sont même moins conservatrices que les générations les plus anciennes.

Pour vérifier cette assertion, nous avons réalisé une échelle de valeurs culturelles pour mesurer les différences de positionnement entre les générations. J'ai réuni trois questions concernant l'immigration et plus particulièrement le statut des musulmans, et trois questions de mœurs plus générales, concernant l'homosexualité, le cannabis et la peine de mort. Cette échelle est dite de conservatisme culturel.

Dans ce schéma a été comparé le degré de conservatisme des individus nés avant 1991 par rapport à celui des individus nés depuis 1991, en fonction du niveau de diplôme. On constate d'abord, en comparant les deux groupes, que les individus nés après 1991 sont sensiblement moins conservateurs que ceux nés avant. Comme le montrent les enquêtes sur les valeurs des Français depuis vingt-cinq ans, les jeunes sont plus tolérants que leurs aînés[1]. Le renouvellement générationnel a donc un effet sur les valeurs culturelles des Français, qui se révèlent de plus en plus tolérants.

On constate ensuite que les moins diplômés sont plus conservateurs que les plus diplômés. Une forme de décalage est visible, où les jeunes détenteurs d'un niveau bac aujourd'hui sont aussi conservateurs que les individus plus âgés détenteurs d'un bac+2, ce qui vient corroborer la thèse d'une évolution positive des valeurs culturelles tolérantes. Les titulaires d'un bac+5 nés entre 1991 et 1999 sont plus tolérants que les titulaires d'un bac+5 nés avant 1991. Ainsi, il existe des différences marquantes entre les générations en termes de conservatisme, mais également à l'intérieur des groupes générationnels. Les générations les plus récentes ne sont pas homogènes, et les jeunes au niveau de diplôme le plus élevé et ceux au niveau de diplôme le moins élevé ne partagent pas les mêmes valeurs culturelles. Les jeunes les moins diplômés adhèrent plus volontiers à des valeurs traditionnelles, tandis que les jeunes ayant atteint un niveau d'études supérieur semblent plus tolérants d'un point de vue culturel. Bien que le clivage des valeurs entre ces deux

1. Olivier Galland et Bernard Roudet (dir.), *Une jeunesse différente ? Les valeurs des jeunes Français depuis 30 ans*, Paris, La Documentation française, 2012.

groupes semble s'être atténué depuis les années 1980, les différences sont toujours suffisamment importantes pour être soulignées.

Conclusion

À l'aube de l'élection présidentielle de 2022, le portrait politique des jeunes générations est plus complexe qu'il n'y paraît. Ni désinvesties ni particulièrement militantes, les jeunesses françaises se cherchent politiquement dans une société qui se transforme avec elles et par elles. Malgré l'augmentation générale du niveau de diplôme, les inégalités se creusent au sein de la jeunesse tant du point de vue des valeurs que de l'adhésion au système politique, laissant craindre un décrochage de plus en plus important d'une partie de cette jeunesse, peu représentée et peu entendue.

Bien qu'ils soient moins intéressés par la politique que leurs aînés, 70 % des jeunes ont tout de même voté à l'élection présidentielle de 2017, preuve s'il en est que le lien démocratique n'est globalement pas rompu entre les « citoyens qui viennent » et les représentants politiques. Plus circonspectes vis-à-vis des propositions politiques qui leur sont faites, les nouvelles générations sont le produit de l'histoire politique récente de notre pays, où les idéologies et les clivages politiques sont de moins en moins lisibles. À charge pour les aspirants à la représentation politique de clarifier leurs positions pour tenter de convaincre les plus jeunes.

La France de l'abstention

Antoine Bristielle

Le dimanche 20 juin 2021, lors du premier tour des élections régionales, deux Français sur trois ont décidé de s'abstenir. S'il était anticipé que ces élections seraient marquées par une abstention plus importante que lors des précédentes élections régionales, en 2015, la chute vertigineuse de la participation en l'espace de six ans (–16 points !) a constitué une sorte de séisme au sein de l'univers politique et médiatique.

Ces résultats attestent ainsi la profonde déconnexion électorale[1] à l'œuvre dans notre pays, qui va en s'accentuant, d'élections en élections. Comme on le constate sur le graphique suivant, les élections intermédiaires, et singulièrement les élections locales, sont les plus affectées par ce reflux très net de la participation politique conventionnelle. Dans ces conditions, seule la présidentielle, pivot du système politique, parvient encore à attirer systématiquement un nombre important d'électeurs. Mais pour combien de

1. Florent Gougou et Vincent Tiberj (dir.), *La Déconnexion électorale. Un état des lieux de la démocratie française*, Paris, Fondation Jean-Jaurès, avril 2017.

temps encore ? Et quel sens donner à ce désengagement massif des citoyens français ? Que vient traduire cet abstentionnisme de plus en plus marqué ?

Taux d'abstention en fonction du type d'élections en France depuis 1965

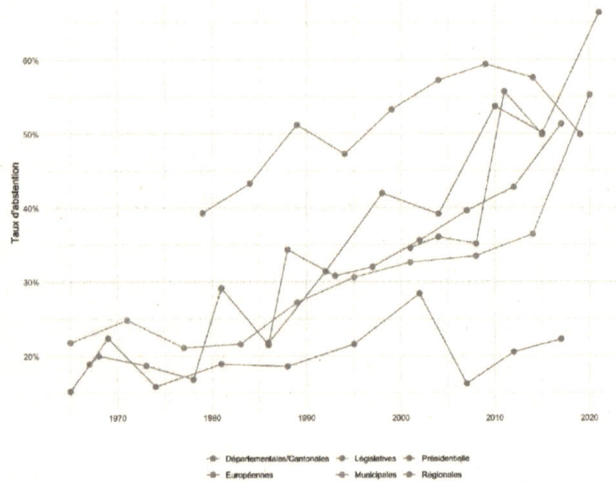

Source : ministère de l'Intérieur.

Les logiques sociales de l'abstention

Les enquêtes réalisées le jour du scrutin par différents instituts sont révélatrices des logiques sociales du vote[1]

1. C'est le cas de l'étude OpinionWay pour *Les Échos*, « La sociologie du vote au premier tour des élections régionales 2020 », réalisée le 20 juin 2021 auprès d'un échantillon de 4548 personnes inscrites sur listes électorales, issu d'un échantillon de

et confirment les nombreux travaux qui relèvent les profondes inégalités en matière de participation électorale[1]. En consultant ces enquêtes, on apprend ainsi que les hommes ont davantage participé que les femmes (38 % des électeurs contre 26 % des électrices), que les titulaires d'un diplôme bac+2 et plus ont davantage voté (+10 points par rapport aux autres), que les catégories supérieures ont été plus nombreuses à se rendre aux urnes que les personnes appartenant aux catégories populaires (47 % de votants chez les cadres contre seulement 23 % chez les ouvriers). On observe également un gradient très net de la participation avec le revenu : 84 % des personnes vivant dans un foyer avec moins de 1 000 euros par mois ont été abstentionnistes, contre seulement 54 % des personnes appartenant à un foyer avec plus de 3 500 euros par mois de revenu (une différence colossale de 30 points). Le degré de participation varie aussi en fonction de la situation immobilière, les locataires étant plus abstentionnistes que leurs propriétaires. C'est dire si les élus régionaux représenteront avant tout les préférences politiques des citoyens les plus pourvus, notamment économiquement. Enfin, la pratique religieuse catholique, une « variable lourde » du vote[2], conduit aussi à davantage participer au rituel du vote républicain (76 % de votants chez les pratiquants réguliers, contre seulement 41 % chez les pratiquants occasionnels – un différentiel de 25 points).

4774 personnes représentatif de la population française âgée de 18 ans et plus.

1. Voir notamment l'ouvrage de référence de Céline Braconnier et Jean-Yves Dormagen, *La Démocratie de l'abstention*, Paris, Gallimard, « Folio », 2007.

2. Guy Michelat et Michel Simon, *Classe, religion et comportement politique*, Paris, Presses de Sciences Po, 1977.

Quant aux sans religion, ils se tiennent aussi loin de Dieu que des urnes (29 % de votants).

Les logiques générationnelles ont également joué à plein lors de ce scrutin. Plus l'électorat est jeune, plus l'abstention a été forte, si bien que ce n'est que 16 % des 18-24 ans et 19 % des 25-34 ans qui se sont déplacés lors de ce premier tour[1]. Même si l'abstention des plus de 65 ans a été importante (47 %), elle est sans commune mesure avec ce que l'on a pu observer au sein des jeunes générations.

Plus que jamais, ce scrutin place ainsi au grand jour la logique de vote intermittent propre aux jeunes générations. Si celles-ci conservent un fort intérêt pour l'élection présidentielle, elles se démobilisent néanmoins massivement – et de plus en plus – lors des élections intermédiaires. En effet, d'après les calculs de Vincent Tiberj, les déséquilibres d'âge dans les urnes à ces élections régionales aboutissent clairement à surreprésenter certaines générations au détriment d'autres[2]. Ainsi, les 65 ans et plus pèsent dans les urnes 1,4 fois leur poids dans la population, quand les moins de 35 ans pèsent deux fois moins que leur poids démographique.

La perception du vote comme étant un droit ou un devoir est révélatrice de ces différences générationnelles : les personnes pour qui le vote est un devoir ont été une sur deux

1. Sondage Ifop pour TF1-LCI, « Régionales 2021 – sondage jour du vote : profil des électeurs et clés du scrutin (1er tour) », 20 juin 2021. L'enquête a été menée auprès d'un échantillon de 2642 personnes inscrites sur les listes électorales, extrait d'un échantillon de 2935 personnes, représentatif de la population résidant en France métropolitaine âgée de 18 ans et plus.
2. Tweet de Vincent Tiberj du 22 juin 2021, https://twitter.com/vtiberj/status/1407321045984493571

à s'abstenir (50 %), alors que l'abstention concerne 80 % de celles pour qui voter est d'abord un droit[1]. Ces écarts générationnels se répercutent aussi dans les préférences électorales et conduisent à un survote pour les partis de la droite classique : s'agissant du vote en faveur des listes de la droite modérée, près d'un électeur sur deux (45 %) a plus de 65 ans[2]. Logiquement, les plus politisés se sont le plus mobilisés. C'est le cas de ceux qui se sont intéressés aux élections régionales comparativement à ceux qui s'en sont désintéressés.

Quel sens donner à l'abstention ?

Rapidement, deux thèses se sont opposées parmi les commentateurs politiques au sujet de l'abstention record enregistrée le 20 juin 2021 : certains entrevoient une France en révolte, qui ferait « la grève des urnes », tandis que pour d'autres, l'abstention massive serait le signe d'une France désabusée face à la politique et qui n'éprouverait pas ou plus la nécessité de voter pour exprimer sa colère. Or, à nos yeux, ces deux explications ne sont pas mutuellement exclusives et se complètent même assez bien, d'autant qu'elles concernent des groupes d'électeurs différents. L'abstention est un phénomène complexe à bien des égards et il existe forcément une forte hétérogénéité des facteurs poussant à s'abstenir quand près des trois quarts du corps électoral ne se sont pas rendus aux urnes.

Une nouvelle fois, les enquêtes réalisées le jour du vote permettent d'éclairer davantage les multiples raisons derrière

1. Enquête OpinionWay pour *Les Échos*, *ibid.*
2. Sondage Ifop pour TF1-LCI, *ibid.*

l'abstention. Pour simplifier le propos, le profil de « l'abstentionniste désintéressé par les élections » est surreprésenté parmi les jeunes de 18 à 24 ans, au sein des classes moyennes et des classes supérieures et chez les électeurs d'Emmanuel Macron au premier tour de la précédente présidentielle. Quant au profil de « l'abstentionniste protestataire », il est surreprésenté chez les hommes plutôt âgés au sein des catégories modestes ou pauvres, chez les ouvriers et les chômeurs et au sein de l'électorat de Jean-Luc Mélenchon ou Marine Le Pen lors du premier tour de la présidentielle de 2017[1].

Quel impact de l'abstention sur la présidentielle de 2022 ?

Jusqu'à présent, l'abstention électorale est restée cantonnée aux élections intermédiaires, la présidentielle restant une élection où les Français se mobilisent massivement. 72 % de nos compatriotes considèrent ainsi encore aujourd'hui que « voter est un devoir civique, on doit toujours le faire ou presque[2] ». Pour autant, rien ne dit que la démobilisation électorale ne viendra pas également toucher à court ou moyen terme l'élection pivot du système politique. Si 62 % des Français pensent que « la plupart des hommes et des femmes politiques sont corrompus[3] », à quoi bon se déplacer pour élire l'une ou l'un d'entre eux ? Le sentiment d'être mal

1. Ces profils types s'obtiennent en examinant les réponses aux justifications données par les sondés concernant leur refus d'aller voter dans le sondage « jour du vote » de l'institut Ifop cité plus haut.
2. Les chiffres sont issus de l'enquête annuelle Ipsos/Sopra Steria pour *Le Monde*, le Cevipof, la Fondation Jean-Jaurès et l'Institut Montaigne, « Fractures françaises – vague 9 », septembre 2021.
3. *Ibid.*

représenté en France, que le vote, dans l'état actuel de la Ve République, n'est plus d'une importance capitale, pourrait très bien se traduire par la démobilisation d'une partie substantielle de l'électorat.

Cela ne serait pas sans conséquences sur les grands équilibres politiques. En effet, comme nous le disions, les logiques sociales et politiques sont des déterminants essentiels de la participation et de l'abstention. Lors des précédentes élections régionales, les électeurs de François Fillon en 2017 se sont davantage mobilisés (52 %) que les électeurs de Benoît Hamon (40 %), d'Emmanuel Macron (36 %) et, plus encore, de Marine Le Pen (29 %) et de Jean-Luc Mélenchon (25 %)[1].

Le fait que les candidats au positionnement critique face à l'ordre institutionnel actuel soient les plus touchés par l'abstention ne veut pas dire que la critique institutionnelle est moins importante qu'elle ne l'a été. Comme nous le disions précédemment dans cet ouvrage, jamais la défiance envers les institutions politiques de notre pays n'a été aussi importante[2]. Simplement, cette défiance a de plus en plus tendance à s'exprimer hors des urnes – comme dans le mouvement des « Gilets jaunes », par exemple. Si les élections ne sont ainsi plus en mesure d'agir comme une soupape de sécurité et de faire redescendre la pression qui s'accumule pendant un cycle électoral, alors il y a fort à parier que d'autres manifestations de colère populaire sont vouées à prendre le relais.

---

1. Sondage Ifop pour TF1-LCI, *op. cit.*
2. Voir Antoine Bristielle, « La confiance des Français en leurs institutions », p. 37-43.

Que pense le « peuple » de gauche (radicale) ?

Antoine Bristielle, Laura Chazel

Depuis la fin des années 2000, la gauche radicale a été marquée par de profondes transformations. Dans ce chapitre, nous avons fait le choix de nous intéresser à l'opinion de cette famille politique en nous concentrant sur les personnes se sentant proches de Jean-Luc Mélenchon et ses électeurs[1]. Les stratégies et plans de communication suivis par Mélenchon et son équipe de campagne lors des élections présidentielles de 2012 et de 2017 diffèrent. En 2012, le candidat du Front de gauche (FdG), malgré quelques accents populistes[2], cherchait avant tout à « rassembler la gauche » antilibérale et radicale et à contester

1. Dans ce chapitre, nous nous concentrons à la fois sur l'électorat de Jean-Luc Mélenchon au moment de l'élection présidentielle de 2017 et sur les individus exprimant une proximité partisane avec La France insoumise. Si les deux publics se recoupent largement, l'utilisation de données postérieures à 2017 gagne en précision lorsqu'elle se base sur la proximité partisane plutôt que sur des souvenirs de vote pouvant être oubliés chez certains interviewés.
2. Chloé Alexandre, Antoine Bristielle et Laura Chazel, « From the Front de gauche to La France insoumise: Causes

au Parti socialiste l'hégémonie de la gauche ; en 2017, celui de La France insoumise (LFI) souhaitait désormais « fédérer le peuple » dans son ensemble, il fut ainsi considéré comme l'artisan de la mise en place du populisme de gauche en France[1].

Mais quel « peuple » Mélenchon mobilise-t-il en pratique ? En 2017, l'électorat de LFI était principalement composé de jeunes[2] aux faibles revenus[3]. Cette dynamique chez les plus précaires se liait à une forte percée parmi les hauts niveaux de diplôme. Ce n'est donc pas n'importe quelle fraction des classes populaires qui a donné son vote à Jean-Luc Mélenchon en 2017, mais celle dont le statut social ne correspondait pas au niveau de diplôme[4], quand il

---

and consequences of the conversion of the French radical left to populism » in *Partecipazione e Conflitto*, vol. 14, n° 2, 2021.

1. Paolo Chiocchetti, « "Make way for the people!" Left-wing populism in the rhetoric of Jean-Luc Mélenchon's 2012 and 2017 presidential campaigns » *in* Giorgos Charalambous et Gregoris Ioannou, *Left Radicalism and Populism in Europe*, Londres, Routledge, 2019, p. 106-128.

2. L'écart entre les 18-34 ans et les plus de 65 ans est de plus de 20 points de pourcentage. Entre 2012 et 2017, le vote pour Jean-Luc Mélenchon a ainsi augmenté de 16 points de pourcentage chez les 18-24 ans et de 20 points de pourcentage chez les 25-34 ans. C'est indéniablement à l'intérieur de ces catégories d'âge que sa percée est la plus nette. Ces chiffres sont issus de la « French Electoral Study » réalisée par l'institut de sondage Kantar pour le Cevipof en 2017.

3. *Ibid.*

4. Il réalise ses meilleurs scores chez les Français disposant au moins d'un baccalauréat. Ces chiffres sont issus de la « French Electoral Study », *op. cit.*

échouait en revanche à disputer au Front national les précaires moins diplômés[1].

L'électorat de Jean-Luc Mélenchon en 2017 en fonction de l'âge, du revenu et du niveau de diplôme

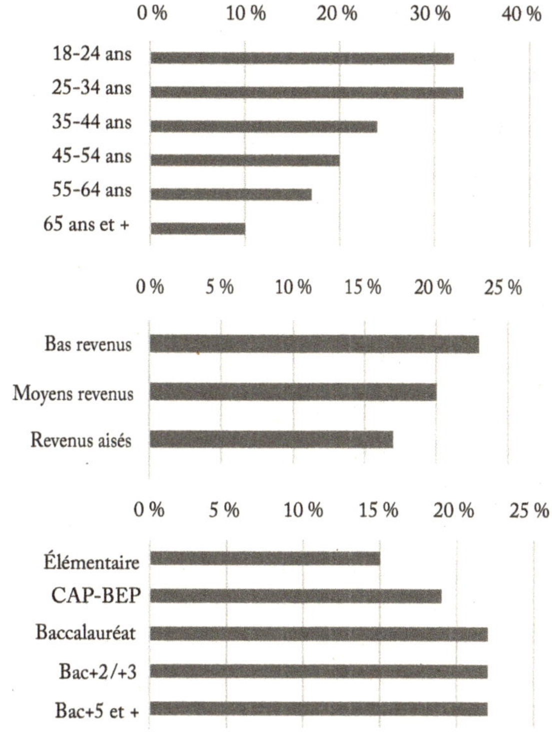

Source : Institut Kantar pour le Cevipof, « French Electoral Study 2017 ».

1. Bruno Cautrès, « Mélenchon, "vainqueur caché" de la présidentielle ? » *in* Pascal Perrineau (dir.), *Le Vote disruptif. Les élections présidentielle et législatives de 2017*, Paris, Presses de Sciences Po, 2017, p. 175-192.

Ce chapitre ambitionne d'analyser dans quelle mesure les proches de LFI se distinguent du reste de l'électorat de la gauche française en comparant leur positionnement sur un ensemble d'enjeux de politiques publiques avec celui des électeurs du Parti socialiste et d'Europe Écologie-Les Verts (EELV). Nous montrerons ainsi que les proches de LFI[1] se singularisent par des attitudes antilibérales particulièrement assumées ; une très forte critique envers les institutions politiques actuelles ; une valorisation de la souveraineté nationale ; une volonté d'agir concrètement pour protéger l'environnement.

Un électorat marqué par un fort rejet du libéralisme économique

Le programme « L'Avenir en commun », porté par Jean-Luc Mélenchon en 2017, se compose d'un ensemble de mesures s'attaquant au libéralisme économique et financier tout en proposant d'assurer davantage d'égalité et de justice sociale. Concernant le premier aspect, le programme affiche le souhait de « mettre au pas la finance » (point 19) ou d'« empêcher les licenciements boursiers » (point 23). Sur le second aspect, Jean-Luc Mélenchon propose également de mettre en place différents mécanismes de lutte contre la pauvreté (point 33) ou encore d'instaurer un salaire maximum pour les dirigeants d'entreprise (point 29).

1. Dans la suite de ce chapitre, nous nous concentrerons sur les personnes affichant une proximité partisane avec les différentes formations politiques étudiées, pour des raisons explicitées dans la note 1, p. 77.

Les positionnements des électeurs de gauche diffèrent concernant ces questions. Alors que les proches du PS et d'EELV affichent une timide critique du libéralisme économique, ceux proches de LFI se caractérisent d'abord par un fort rejet de ce dernier. Prenons par exemple la question de la régulation du marché du travail. Seuls 16 % des proches de LFI considèrent qu'il faudrait donner davantage de flexibilité au marché du travail dans les années à venir, alors que ces chiffres sont près de deux fois plus élevés chez les proches du PS et d'EELV (respectivement 28 % et 33 %). Un différentiel similaire s'observe concernant la question des niveaux de redistribution pour garantir la justice sociale. Les proches d'EELV et du PS sont plus modérés sur cette dimension que ne le sont les proches de LFI. Ainsi, la moitié (49 %) des proches de LFI sont tout à fait d'accord avec l'idée que, « pour rétablir la justice sociale, il faudrait prendre aux riches pour donner aux pauvres » contre seulement 19 % des proches du PS et 21 % des proches d'EELV. Ces chiffres traduisent une très forte sensibilité à la question de la redistribution des richesses parmi les électeurs proches de LFI, qui est moins partagée au sein du centre gauche[1].

---

1. Les chiffres sont issus de l'enquête « Fractures françaises » de 2020. Ipsos/Sopra Steria pour *Le Monde*, le Cevipof, la Fondation Jean-Jaurès et l'Institut Montaigne, « Fractures françaises – vague 8 », septembre 2020.

Une très forte critique des institutions politiques nationales

La critique des institutions politiques est un point central de « L'Avenir en commun ». Pour Mélenchon, la refondation de la République répond à une exigence démocratique : il s'agit pour le peuple de retrouver un pouvoir qui lui a été volé par la « caste ». Dès le début des années 2010, Mélenchon avait théorisé la « révolution citoyenne » qui ambitionnait de lutter contre « l'oligarchie » afin que le peuple puisse enfin « exercer sa souveraineté[1] ». Cette révolution par les urnes – inspirée de la « vague rose » latino-américaine, et particulièrement par Rafael Correa en Équateur – se fera par étapes : la convocation d'une Assemblée constituante afin d'établir dans un second temps une VIe République plus démocratique et représentative du peuple.

De la même manière, la critique massive des institutions politiques de notre pays est un point de ralliement central des proches de LFI. 75 % d'entre eux considèrent ainsi que la plupart des hommes et des femmes politiques sont corrompus contre, respectivement, 52 % et 66 % pour les proches du PS et d'EELV. 81 % des proches de LFI pensent que le système politique fonctionne mal en France et que leurs idées ne sont pas bien représentées, des chiffres là aussi bien supérieurs à ceux que l'on trouve pour les autres partis de gauche (62 % pour les proches du PS et 65 % pour les proches d'EELV). Enfin, 86 % des personnes se sentant proches de LFI s'accordent à dire que les hommes et les

1. Programme du FdG « L'Humain d'abord », élections présidentielle et législatives de 2012, p. 2.

femmes politiques agissent principalement dans leur intérêt personnel contre, respectivement, 60 % et 78 % pour les proches du PS et d'EELV[1].

Une forte valorisation de la souveraineté nationale

En 2017, Jean-Luc Mélenchon développe un discours patriotique fort dans lequel la France est vue comme une « patrie révolutionnaire ». Il défend un nationalisme civique capable de protéger les plus faibles contre l'offensive néolibérale. L'épine dorsale de son projet politique est la « République sociale » qui permettrait de construire une patrie sociale, féministe et ouvrière. Dans sa vision patriotique, Mélenchon soutient deux idées principales : (1) l'universalisme républicain ; (2) une forte critique de l'Union européenne car cette dernière, dans sa version néolibérale et du fait de son antidémocratisme, « supprime l'histoire républicaine » et « confisque la souveraineté du peuple[2] ».

Sans surprise, 63 % des proches de LFI considèrent donc qu'il faut renforcer les pouvoirs de décision de la France, même si cela doit conduire à limiter ceux de l'UE, des chiffres sans commune mesure avec ceux que l'on trouve au sein des autres formations de gauche[3]. En effet, les proches du PS et d'EELV présentent un positionnement similaire, largement proeuropéen. Seuls 41 % des proches

1. Les chiffres sont issus de l'enquête « Fractures françaises » de 2021. Ipsos/Sopra Steria pour *Le Monde*, le Cevipof, la Fondation Jean-Jaurès et l'Institut Montaigne, « Fractures françaises – vague 9 », septembre 2021.
2. Discours de Jean-Luc Mélenchon place de la République à Paris le 18 mars 2017.
3. Enquête « Fractures françaises » de 2021, *op. cit.*

de LFI pensent que l'appartenance de la France à l'UE est une bonne chose, contre 70 % des socialistes et 67 % des Verts[1]. Mais les divergences sur les questions de souveraineté débordent largement la seule question européenne pour concerner également le rapport à la mondialisation. En effet, lorsqu'on demande aux électeurs de gauche s'ils pensent que la mondialisation est une opportunité ou une menace pour la France, les réponses chez les proches du PS et d'EELV sont partagées. 46 % des premiers et 47 % des seconds pensent que la mondialisation représente davantage une opportunité qu'une menace. À nouveau, les proches de LFI sont beaucoup plus critiques : ils sont seulement 34 % à considérer que la mondialisation représente une opportunité pour la France[2].

L'écologie : une place centrale dans le discours du leader, un sujet majeur pour l'électorat de LFI

La question écologique est également un point central du programme de Jean-Luc Mélenchon en 2017, toute une partie du programme étant consacrée à la « planification écologique ». On y retrouve par exemple la volonté de « pénaliser les transports sur longue distance pour relocaliser la production » (point 42) ou encore la volonté qu'en 2050 le mix énergétique de la France soit composé uniquement d'énergies renouvelables (point 39).

L'électorat insoumis se caractérise également par une très grande volonté de mettre en place des mesures fortes pour protéger l'environnement. Lorsqu'on demande aux

1. Enquête « Fractures françaises » de 2020, *op. cit.*
2. *Ibid.*

individus s'ils sont prêts à ce que le gouvernement encourage des mesures énergiques et rapides pour faire face à l'urgence environnementale « même si cela signifierait modifier en profondeur notre mode de vie », 84 % des électeurs insoumis sont d'accord avec cette idée, des chiffres sensiblement équivalents à ceux que l'on trouve au sein de l'électorat EELV (95 %) et du PS (83 %). De même, l'idée selon laquelle il serait légitime de demander aux entreprises des sacrifices financiers dans ce même objectif de protection de l'environnement est approuvée par 7 électeurs insoumis sur 10. Si ce chiffre, similaire à ce que l'on observe chez les proches du PS (68 %), est légèrement moins important que chez les proches d'EELV (83 %), il dénote néanmoins la place prépondérante qu'a prise la question environnementale au sein de LFI.

Conclusion

Rejet du libéralisme économique, volonté de refonder les institutions politiques, valorisation de la souveraineté nationale, très forte sensibilité pour la question écologique : la combinaison de ces quatre points constitue le cœur idéologique des proches de La France insoumise et vient ainsi distinguer cette famille politique du reste de la gauche verte et sociale-démocrate. En plaçant ces enjeux au cœur de son programme en 2017, Jean-Luc Mélenchon avait frôlé la qualification au second tour de l'élection présidentielle. À cette occasion, le leader de LFI avait vu 27 % des proches du Parti socialiste se reporter vers sa candidature, dans un contexte où, par ailleurs, Europe Écologie-Les Verts avait choisi de nouer une alliance avec le PS[1].

1. Ifop, sondage « jour du vote », 25 avril 2017.

Pour la prochaine élection présidentielle en 2022, Mélenchon – qui se présente désormais comme leader de l'« union populaire » – fait à nouveau le pari de s'appuyer sur ces dimensions en renforçant certaines d'entre elles. Par exemple, la question écologique tend à prendre encore davantage de place dans son nouveau programme, avec notamment la proposition d'un plan d'investissement de 200 milliards d'euros pour la « "bifurcation" écologique[1] ». Reste à savoir si, en suivant cette stratégie, Mélenchon parviendra à *construire un peuple* suffisamment robuste pour lui permettre d'accéder au second tour, voire de gagner l'élection et mettre fin à la « monarchie présidentielle ».

1. Julie Carriat, « Entre 2017 et 2022, La France insoumise a amendé son programme à la marge », *Le Monde*, 21 novembre 2021.

La France de gauche

Chloé Alexandre

Les enquêtes d'opinion mesurent régulièrement le scepticisme croissant des Français à propos des étiquettes « gauche » et « droite », ceux-ci les jugeant de moins en moins pertinentes pour décrire les positions des partis et des candidats sur l'échiquier politique. Pourtant, si ces repères historiques semblent aujourd'hui brouillés concernant l'offre politique[1], ils apparaissent encore fortement opérants pour appréhender, indépendamment, les attentes des citoyens. En effet, les mêmes enquêtes soulignent également la propension continue des Français à s'identifier à la gauche ou à la droite en tant que camps politiques. Une échelle d'autopositionnement gauche-droite est pour cela

1. L'association de la gauche avec un parti politique majoritaire avait déjà été fragilisée sous la présidence de François Hollande, quand une partie de ses électeurs ont estimé que ses choix politiques ne reflétaient plus les valeurs de la gauche. L'affaiblissement des socialistes, l'incapacité d'autres partis de gauche à s'imposer – le PCF, EELV, LFI, Génération.s – et la création de LREM qui revendique de s'émanciper de l'opposition gauche/droite contribuent aujourd'hui à la crise apparente de la gauche du côté de l'offre politique.

très souvent utilisée, celle-ci allant de 0 (très à gauche) à 10 (très à droite). 80 % des Français mobilisent encore ce continuum pour se décrire politiquement. Parmi eux, 5 % se positionnent au pôle le plus extrême à gauche, et 20 % se répartissent entre les positions 2 et 4, formant le cœur des individus qui se réclament de la gauche. Mais qui sont-ils et qu'espèrent-ils ? À l'approche de l'élection présidentielle de 2022, quel portrait dresser de la France de gauche ?

Quelle base sociale pour la gauche aujourd'hui ?

Comme de nombreux travaux de sociologie politique ont pu le montrer, les catégories populaires se sont longtemps massivement identifiées à la gauche, en écho aux discours et programmes socialistes et communistes qui revendiquaient de défendre leurs intérêts. Le vote dit de classe – soit la propension à voter en fonction de son statut social – en a également longtemps été une conséquence significative. Mais, ces dernières décennies, les partis de gauche ont perdu beaucoup de terrain dans ces milieux pour se concentrer sur des groupes sociaux plus typiques de l'économie postindustrielle et de la mondialisation[1] : les classes moyennes et les individus les plus citadins et diplômés.

L'enquête « Fractures françaises » menée en 2017[2] confirme en partie cette mutation. Pourtant, à partir de

1. Voir Fabien Escalona et Mathieu Vieira, « Les idéopôles, laboratoires de la recomposition de l'électorat socialiste », Paris, Fondation Jean-Jaurès, février 2012.
2. Ipsos/Sopra Steria pour *Le Monde*, le Cevipof, la Fondation Jean-Jaurès et l'Institut Montaigne, « Fractures françaises – vague 9 », septembre 2021.

l'autopositionnement gauche-droite, les chiffres soulignent aussi que la base sociale de la gauche est aujourd'hui relativement variée et ouverte. Contrairement à la portion de la population qui se positionne très à gauche, fortement caractérisée soit par sa jeunesse soit par ses faibles revenus, et contrairement à ceux qui se positionnent au centre qui dénotent un fort pourcentage de cadres, de hauts diplômes et de revenus élevés, l'espace de la gauche est plus composite.

La propension à s'identifier subjectivement à la gauche est d'abord relativement peu genrée. Ensuite, si elle est légèrement plus le fait des Français en âge d'être actifs, les personnes de plus de 60 ans représentent tout de même 30 % de cette population. Concernant la catégorie sociale, malgré le tournant vers les classes moyennes qui entraîne une petite surreprésentation des cadres et des professions intermédiaires par rapport à l'enemble de la population française, les employés et les ouvriers constituent encore près d'un tiers des individus qui se disent de gauche. Enfin, s'agissant des niveaux d'éducation et de revenu, les proportions paraissent relativement similaires à la moyenne des Français.

Par ailleurs, depuis cinq ans, la proportion de Français qui s'identifient à la gauche semble être restée relativement stable. La nouvelle vague de l'enquête « Fractures françaises » 2021 livre d'ailleurs un portrait de la France de gauche plutôt similaire à celui de 2017. Les chiffres suggèrent seulement quelques inflexions à surveiller : d'une part, celles et ceux qui se revendiquent de gauche semblent avoir légèrement rajeuni ; d'autre part, la proportion de catégories populaires est un peu en baisse, sans que les équilibres soient totalement bouleversés[1]. Dans l'ensemble, notons alors que la base sociale de

1. *Ibid.*

la gauche apparaît plus hétérogène que ce que les électorats des différents partis de gauche laissent à voir. Un constat qui met en lumière un problème de mobilisation électorale pour construire une majorité politique en rassemblant tous ces profils derrière un projet, davantage qu'une disparition des électeurs qui se revendiquent de gauche.

Quelles valeurs pour la gauche aujourd'hui ?

La gauche a longtemps consisté en une catégorie politique qui renvoyait à la défense des intérêts des travailleurs face au patronat. Le conflit économique a fortement structuré l'opposition gauche/droite, et s'affirmer de gauche signifie souvent revendiquer des valeurs égalitaristes, en appeler à l'interventionnisme étatique plutôt qu'aux marchés et à une redistribution des richesses. Mais, depuis plusieurs décennies, d'autres enjeux non économiques se sont développés, et l'opposition gauche/droite s'est progressivement restructurée autour d'autres conflits, plus culturels ou en lien avec l'intégration des États-nations au sein de l'Europe et la mondialisation. Comment se positionnent aujourd'hui les Français qui se revendiquent de gauche sur ces différents débats ?

L'enquête « Fractures françaises » met en évidence les valeurs du peuple de gauche, par comparaison à celles de la moyenne des Français, mais aussi à celles du centre et de l'extrême gauche. De plus, elle permet de suivre leur évolution au fil du quinquennat grâce à des questions posées tous les ans. On peut observer que, sur la plupart des enjeux[1],

1. On a créé six indices synthétiques, chacun d'une intensité graduée de 0 à 1. L'autoritarisme correspond au besoin d'un chef indépendant et à l'aspiration à plus de valeurs autoritaires dans

le positionnement des individus de gauche correspond aux valeurs théoriques de la gauche, et l'intensité est cohérente par rapport aux plus extrêmes et aux plus modérés. Ainsi, comme les spécialistes ont pu le noter, malgré l'apparent rejet du conflit gauche/droite, les corrélations sont toujours très nettes entre l'autopositionnement idéologique et les opinions en matière de politique économique ou de mœurs culturelles[1].

Les gens de gauche aspirent beaucoup moins à l'autorité que la moyenne des Français. Ils sont aussi plus favorables à l'immigration, plus étatistes et égalitaristes, avec une hiérarchie entre les gens très à gauche et ceux à gauche (et les répondants de droite, non représentés sur le graphique, se situent à l'opposé sur ces différents enjeux). Le tableau est cependant moins net concernant les préférences en matière d'ouverture du pays. À cet égard, les individus de gauche ressemblent plutôt aux centristes, plus ouverts à la mondialisation et européistes.

---

la vie ; la dimension pro-immigration renvoie au jugement sur la proportion d'étrangers dans le pays et au fait de se sentir chez soi (ou non) ; l'égalitarisme correspond à la défense de la redistribution des richesses et à l'idée que les chômeurs ne font pas en sorte de ne pas trouver de travail ; l'étatisme recouvre à la fois le rôle développé de l'État et le soutien aux mesures sociales ; l'ouverture agrège les opinions sur la mondialisation et le protectionnisme ; enfin, l'europhilie correspond à l'évaluation du bilan de l'Union européenne jusqu'à présent et à la volonté de renforcer encore l'intégration.

1. Janine Mossuz-Lavau, *Le Clivage droite gauche. Toute une histoire*, Paris, Presses de Sciences Po, 2020.

Évolution comparée des valeurs en fonction de l'orientation politique déclarée

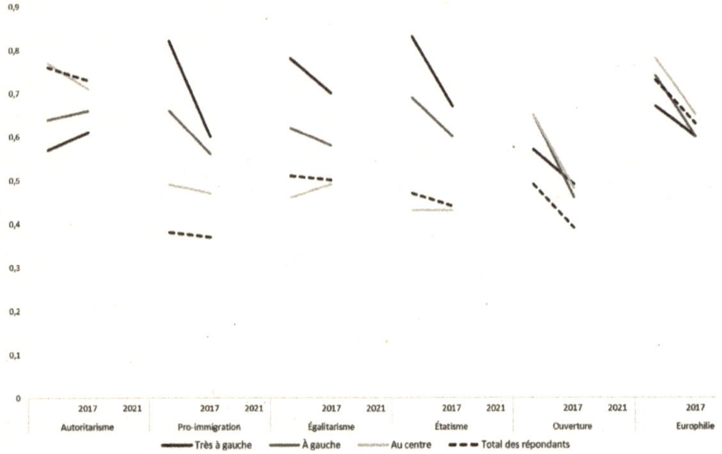

Source : données des enquêtes « Fractures françaises » 2017 et 2021. Calculs de l'auteur.

Au fil du quinquennat d'Emmanuel Macron, les préférences associées à la gauche ont évolué, s'actualisant avec le contexte politique. Elles suivent une dynamique globale de tous les individus de gauche, y compris l'extrême gauche, dans le sens d'une polarité moindre. Ainsi, en 2021, la France de gauche est un peu plus séduite par l'autoritarisme et devient un peu moins tolérante vis-à-vis de l'immigration. Elle décroît également en degré d'égalitarisme et d'étatisme alors que les centristes restent stables. Par ailleurs, sur les dimensions d'ouverture au monde et à l'Europe, toute l'opinion publique, et non pas seulement les individus de gauche, semble bouger dans la même direction, vers plus de protection et moins d'ouverture.

Il est important de noter que ces évolutions entre 2017 et 2021 concernent essentiellement l'intensité des préférences et non leur orientation fondamentale. Sur chacune des six dimensions commentées ci-dessus, la hiérarchie des préférences en fonction de l'autopositionnement politique reste relativement marquée malgré quelques inflexions conjoncturelles, attestant de la pérennité d'un ensemble de valeurs assez structuré et cohérent qu'incarne toujours le peuple de gauche[1].

La gauche des valeurs face à la gauche des partis : quelle équation pour 2022 ?

S'identifier à un camp politique, ici à la gauche, est une entreprise subjective et indépendante des préférences partisanes et des choix électoraux. Ainsi, les électeurs de François Hollande, Benoît Hamon, Jean-Luc Mélenchon ou encore Emmanuel Macron peuvent tous revendiquer cette identité, sans pour autant partager les mêmes représentations du centre de gravité de la gauche et de ses ailes plus modérées ou radicales. C'est pourquoi les individus de gauche représentent un potentiel électoral pour plusieurs partis et candidats simultanément.

À cet égard, la répartition de la proximité partisane déclarée est instructive, illustrant la pluralité des préférences. En 2017, le Parti socialiste et La France insoumise

1. Bien sûr, derrière ces grandes lignes de valeurs structurantes, la gauche n'est pas exempte de conflits et d'oppositions en interne quand il s'agit de défendre des mesures concrètes ou de s'y opposer, ce qui conforte l'idée qu'il y aurait plusieurs familles de gauche cohabitant au sein d'un même camp.

représentaient les deux forces attractives pour la France de gauche, séduisant chacune un tiers de cette population, sans que l'une n'ait l'avantage sur l'autre. L'attrait des communistes, des écologistes et des « marcheurs » était alors marginal, à moins de 10 % chacun. En 2021, l'équation apparaît plus complexe, la popularité de La France insoumise ayant décru à front renversé avec la dynamique des écologistes. La part des « marcheurs » a diminué quand celle des individus qui rejettent tous les partis se renforce.

Proximité partisane déclarée en 2017 et 2021 en % des individus de gauche

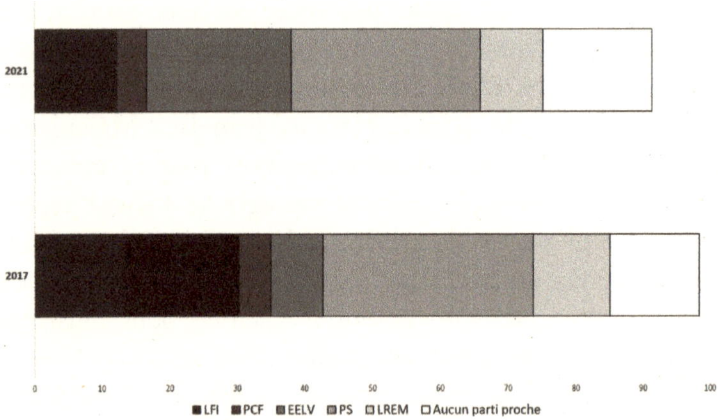

Source : données des enquêtes « Fractures françaises » 2017 et 2021. Calculs de l'auteur.

L'éclatement – ou le désalignement – partisan de la France de gauche peut expliquer l'impression de crise de la gauche si régulièrement citée par les commentateurs de la vie politique. Pourtant, il convient de bien noter que, comme on l'a montré, cette crise réside moins dans l'absence d'un ensemble de valeurs et d'intérêts que dans la capacité d'un parti à s'imposer comme une référence incontournable. Alors que le Parti socialiste, majoritaire au Parlement et à la tête de l'exécutif de 2012 à 2017, a subi un revers majeur comme conséquence de l'impopularité de François Hollande – son candidat, Benoît Hamon, n'a rassemblé que 6 % des voix lors du scrutin de 2017[1] –, aucun autre parti n'a pu s'imposer majoritairement depuis. En témoignent à la fois les cotes de popularité des personnalités politiques, les proximités partisanes déclarées et les intentions de vote en période de précampagne.

Dans un sondage d'octobre 2021, on pouvait ainsi lire que, même si les deux tiers des individus qui se déclarent de gauche espèrent une candidature unique pour incarner ce camp, deux tiers d'entre eux sont pessimistes sur le fait que cela se concrétise, et la moitié d'entre eux déclarent d'emblée que des divergences idéologiques et programmatiques scindent *a minima* l'offre de gauche entre les socialistes et écologistes, d'un côté, et les « insoumis », de l'autre[2]. La dispersion des candidatures déclarées à quelques mois de l'élection présidentielle de 2022 semble aussi à la mesure de l'incapacité d'une famille politique à combiner tous les critères importants pour un chef d'État et de gouvernement. Par exemple, si les écologistes semblent convaincre à gauche sur le projet de société qu'ils portent, ils souffrent en revanche d'un déficit de crédibilité gouvernementale, quand la réciproque touche le Parti socialiste. Les « insoumis »,

1. Pierre Martin, « Un séisme politique. L'élection présidentielle de 2017 », *Commentaire*, n° 158, 2017, p. 249-264.
2. Sondage Ipsos/Sopra Steria pour *Le Parisien*, « Présidentielle 2022. Quelles alliances pour la gauche ? », 22 octobre 2021.

quant à eux, obtiennent des scores moyens pour les trois critères, peinant davantage à convaincre les Français « de gauche » que ceux « très à gauche ».

Jugements sur les caractéristiques de l'offre politique en % par les individus de gauche

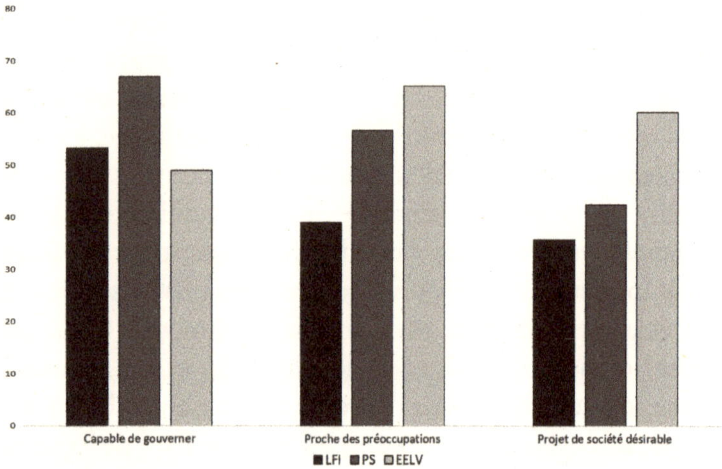

Source : données de l'enquête « Fractures françaises » 2021. Calculs de l'auteur.

Par ailleurs, les élections européennes, régionales et municipales qui se sont tenues au cours du quinquennat Macron ont montré une déconnexion croissante des choix électoraux à gauche en fonction des types de scrutins et du territoire. Il est d'autant plus compliqué de tirer les leçons de ces élections pour mesurer l'état des forces à gauche en prévision de 2022 que les résultats dépendent fortement de l'abstention, qui ne se répartit pas de manière uniforme. La sociologie électorale démontre régulièrement que les personnes plus âgées et les plus diplômés se déplacent souvent davantage pour voter lors des scrutins dits intermédiaires, donnant mécaniquement une prime aux partis les plus traditionnels, comme le PS, ou aux partis dont l'électorat concentre les cadres à haut niveau de diplôme, comme EELV. L'élection présidentielle de 2022 qui s'annonce ne reposera donc pas nécessairement sur cet équilibre, quand une population plus hétérogène participe, notamment la fraction plus populaire de la gauche qui peut faire la différence par son poids numérique.

Au total, si une France de gauche existe bel et bien, par le fait que des individus s'identifient à un ensemble de grandes valeurs cohérentes, par quelques traits sociodémographiques distinctifs hérités des conflits sociaux passés et surtout par le fait de continuer à s'auto-identifier avec ce camp, le réalignement en faveur d'un parti unanimement reconnu comme leader de cet espace politique apparaît comme l'enjeu principal des années à venir. À moins que les oppositions croissantes sur des mesures programmatiques concrètes entre les partis de gauche n'entament le socle commun des valeurs de gauche, jusqu'à l'irréconciliable.

La France du centre

Gilles Finchelstein, Jérémie Peltier

Qu'appelle-t-on « la France du centre » ? Que regroupe-t-elle ? Est-elle homogène ? Quel est le portrait-robot des sympathisants que l'on peut naturellement placer au « centre » de l'échiquier politique, à savoir les sympathisants de La République en marche et du MoDem ?

La France « numéro 5 », enquête sur la France du milieu

Essayons, tel un Sherlock Holmes politologue, d'imaginer quel pourrait être le portrait-robot de la France du centre. Que dirait-on intuitivement ? Sans doute que cette France est plutôt âgée – la jeunesse a la réputation d'être synonyme de radicalité. Qu'elle doit être passionnément modérée – c'est presque une tautologie. Qu'elle est certainement largement macroniste – Emmanuel Macron a été le candidat du dépassement des clivages, le candidat du « ni gauche, ni droite » puis du « et de gauche, et de droite ».

Comparons maintenant ce portrait-robot intuitif avec les données que nous livre le panel électoral Fondation

Jean-Jaurès/Cevipof/*Le Monde*/Ipsos[1] grâce, notamment, à la question sur l'autopositionnement des Français. La question est la suivante : « Sur une échelle de 0 à 10, 0 signifiant très à gauche et 10 très à droite, où vous situez-vous ? » Au sens strict, la France du centre est celle qui se positionne au centre, c'est-à-dire sur le numéro 5.

De 0 à 10, il y a onze cases. Si l'on avait une distribution équivalente entre ces onze cases, chacune rassemblerait un peu plus de 9 % des Français. En ces temps de polarisation du débat public, on pourrait presque s'attendre à ce que la case centrale soit moins occupée que la moyenne. C'est tout le contraire. L'analyse de la distribution des Français sur cette échelle gauche-droite montre deux choses :

1) La France penche majoritairement à droite : 29 % des Français optent pour une case entre 0 et 4 ; 45 %, pour une case entre 6 et 10.

2) La case numéro 5 est cochée par près de 20 % des Français et aucune autre case n'est davantage choisie.

L'énigme

Cette France « numéro 5 » – un numéro 5 qui n'est pas celui du célèbre parfum – nous réserve bien des surprises.

La surprise psychologique

On aurait pu s'attendre aussi à ce que ces 20 % de Français soient mieux intégrés que la moyenne et, partant, plus heureux. Il n'en est rien. À la question « Êtes-vous satisfait de la vie que vous menez ? », les Français du centre

1. Fondation Jean-Jaurès, Ipsos, Cevipof et *Le Monde*, « Enquête électorale 2022 », vague 2, octobre 2021.

répondent peu ou prou de la même manière que l'ensemble des Français – 39 % sont « satisfaits » (+4 points), 17 % sont « insatisfaits » (même pourcentage que la moyenne des Français) et 43 % ne sont « ni satisfaits, ni insatisfaits » (–3 points). Et ce n'est pas tout !

La surprise sociologique

Le mystère s'épaissit. Loin du portrait-robot intuitif, la France « numéro 5 » est davantage choisie par les 18-24 ans (21 %) que par les plus de 70 ans (17 %) ; par les CSP– (22 %) que par les CSP+ (18 %) ; par les revenus inférieurs à 2 500 euros (21 %) que par les revenus supérieurs à 3 500 euros (16 %).

La surprise idéologique

Certes, comme on pouvait s'y attendre, la France « numéro 5 » est moins radicale que la moyenne de la population, et même nettement. À la question « Sur une échelle de 0 à 10, 0 signifiant que vous êtes très modéré et 10 très radical, où vous situez-vous ? », moins de 10 % des Français qui se positionnent politiquement au centre se définissent idéologiquement comme radicaux – contre un peu plus de 30 % des Français. Pourtant, ils ne sont que 19 % à se présenter comme modérés, ce qui n'est pas beaucoup plus (+4 points) que la moyenne de la population. Surtout, lorsqu'on analyse dans le détail les convictions de cette France « numéro 5 » sur des questions de fond, ce qui frappe est qu'elles ressemblent à s'y méprendre à celles de la moyenne de la population. 57 % des Français de la case numéro 5 souhaitent davantage d'ouverture sur le plan économique (+2 points par rapport à la moyenne des Français). 62 % demandent moins d'ouverture sur le plan migratoire

(–3 points). 54 % partagent l'idée selon laquelle, pour établir la justice sociale, il faut prendre davantage aux riches pour donner aux pauvres (même pourcentage que la moyenne des Français). 38 % sont favorables à une réduction du nombre de fonctionnaires (–4 points). 59 % estiment qu'il y a trop d'étrangers en France (–4 points). La liste n'est pas exhaustive mais tout confirme l'absence de spécificité idéologique de cette France « numéro 5 ».

La surprise politique

Cerise sur le gâteau, que nous apprennent les intentions de vote des Français qui se positionnent sur la case numéro 5 ? Emmanuel Macron réalise évidemment un score élevé, mais il ne réunit qu'une majorité relative de 43 %. Le reste se répartit un peu plus à gauche (Yannick Jadot, 11 %) ou un peu plus à droite (Valérie Pécresse, 9 %) et, surprise des surprises, carrément à l'extrême droite (Marine Le Pen, 14 %; Éric Zemmour, 6 %).

Avec autant de surprises, la tentation est forte de conclure que la France du centre n'existe pas. Et pourtant !

La clé de l'énigme

La question de l'autopositionnement des Français sur une échelle gauche-droite est posée dans les enquêtes d'opinion depuis des décennies, sous des formes différentes. Ce n'est que récemment que l'on a posé une question complémentaire aux Français qui se positionnaient sur la case 5. À ces 20 % de Français, il a été en effet demandé s'ils se considéraient « centristes », « ni de gauche ni de droite », « et de gauche et de droite » ou s'ils ne savaient pas. Que donnent les résultats ?

En tête, largement, on trouve les « ninistes » (47 %), suivis par les « centristes » (29 %) et par les « et-et » (15 %) et ceux qui ne savent pas (8 %). Ces quatre catégories d'importance inégale peuvent en réalité être regroupées en deux catégories assez homogènes lorsqu'on reprend l'ensemble des résultats. Il y a, d'un côté, les centristes et les « et-et » ; il y a, d'un autre côté, les « ninistes » et ceux qui ne savent pas. Les premiers représentent 44 % ; les seconds, 56 %. C'est un choix affirmé pour les uns ; c'est une position de repli pour les autres. Les premiers ont choisi la case numéro 5 parce que c'est la case centriste – appelons-les donc les « centristes » ; les seconds l'ont choisie parce que c'est la case centrale – employons pour eux le terme de « centraux ».

Avec cette nouvelle grille de lecture, tout s'éclaire comme par enchantement. L'intention de vote ? Les « centristes » votent majoritairement (54 %) pour Emmanuel Macron et marginalement (9 %) pour Marine Le Pen (6 %) ou Éric Zemmour (3 %). Les « centraux » votent quasiment autant pour le président de la République (33 %) que pour les deux candidats d'extrême droite (29 %) – avec 21 % pour Marine Le Pen et 8 % pour Éric Zemmour. L'intérêt pour la politique ? Les « centristes » sont 75 % à déclarer s'y intéresser ; ce n'est le cas que de 54 % des « centraux », soit 18 points de moins que la moyenne des Français. Le jugement sur Emmanuel Macron ? Il veut « vraiment changer les choses » pour 60 % des « centristes » contre 40 % des « centraux ». Il a « l'étoffe d'un président » pour 71 % des premiers contre 55 % des seconds. Il « comprend bien les problèmes des gens comme nous » pour 42 % des premiers et 24 % des seconds. Pour toutes ces données, les « centristes » sont « macrono-enthousiastes » et se situent très au-dessus de la moyenne des Français ; les « centraux » sont « macrono-sceptiques » et se situent un peu en dessous de la moyenne des Français.

La conclusion de l'enquête est donc simple : il existe bien une France du centre, plus modérée, plus libérale et plus macroniste, mais ce n'est qu'une petite partie de la France « numéro 5 ». Tout tient au fond à la réponse à une question dont on ne mesurait pas l'importance : êtes-vous « et de gauche et de droite » ou « ni de gauche ni de droite » ?

Portrait-robot des sympathisants LREM/MoDem

Dans cette analyse sur la France du centre, prenons le parti de nous arrêter précisément sur les « centristes », et plus précisément sur les sympathisants de La République en marche et du MoDem, les plus « macrono-enthousiastes ».

Optimisme, confiance, continuité

Un certain nombre de travaux publiés à l'issue de la dernière élection présidentielle avaient montré à quel point l'électorat d'Emmanuel Macron était composé des individus les plus heureux dans leur vie et celui de Marine Le Pen, des individus les plus malheureux[1]. En observant l'état d'esprit des sympathisants des partis LREM et MoDem (soit plus de 2 000 personnes dans la vague 2 du panel de la Fondation Jean-Jaurès en partenariat avec Ipsos, le Cevipof

1. Voir notamment Yann Algan, Elizabeth Beasley, Daniel Cohen et Martial Foucault, *Les Origines du populisme. Enquête sur un schisme politique et social*, Paris, Seuil, 2019.

et *Le Monde*[1]), on s'aperçoit que les cinq années qui se sont écoulées depuis 2017 n'ont en rien altéré leur sérénité et leur optimisme individuels.

Ce sont d'abord des personnes plus optimistes quant à l'avenir que la moyenne des Français. Quand on demande à ces derniers quel terme qualifie le mieux leur état d'esprit actuel, 7 % seulement citent l'espoir, contre 11 % des sympathisants LREM/MoDem. À titre de comparaison, les sympathisants RN sont seulement 6 % à évoquer l'espoir en premier. Il s'agit également du groupe qui a le plus confiance en l'avenir, deux fois plus que la moyenne des Français. En effet, quand 7 % seulement de la population cite la confiance comme terme qui qualifie le mieux leur état d'esprit actuel, c'est le cas de 14 % des sympathisants LREM/MoDem.

Plus optimistes, plus confiants, les sympathisants LREM/MoDem sont également les moins révoltés, les moins en colère et les moins fatigués :

– quand 5 % des Français se disent révoltés (9 % au RN et à l'extrême gauche), c'est le cas de moins de 2 % des sympathisants LREM/MoDem ;

– quand 4 % des Français se disent en colère (7 % au RN, 6 % à l'extrême gauche), c'est le cas de moins de 1 % des sympathisants LREM/MoDem ;

– enfin, quand 17 % des Français citent la fatigue comme terme qualifiant le mieux leur état d'esprit actuel, c'est le cas de 13,5 % des sympathisants LREM/MoDem (contre 18 % des sympathisants de gauche).

L'aspect particulièrement intéressant, c'est que cet optimisme individuel des sympathisants LREM/MoDem

1. Fondation Jean-Jaurès, Ipsos, Cevipof et *Le Monde*, *op. cit.*

s'accompagne d'un optimisme collectif plus fort que la moyenne (alors que l'on pointe régulièrement le fait que les Français sont optimistes individuellement mais pessimistes collectivement). Chez les sympathisants LREM/MoDem, le « en même temps » est toujours de mise, et se révèle même spectaculaire : alors que 21 % des Français estiment que la situation du pays va s'améliorer dans les mois à venir, les sympathisants LREM/MoDem sont près de la moitié à le penser (48 % déclarent que la situation du pays va s'améliorer dans les mois à venir, soit 27 points de plus que la moyenne des Français). Ils ne sont que 17 % à considérer que la situation va se détériorer, contre 45 % des Français.

En outre, cette forme de sérénité des sympathisants LREM/MoDem s'illustre également à travers leurs attentes quant à la prochaine élection présidentielle. En effet, tout l'enjeu pour eux est que le pays retrouve de la sérénité sans que la marche des choses soit bouleversée : quand 30 % des Français attendent de la prochaine élection présidentielle qu'elle apaise la France (contre 50 % qui espèrent un vrai changement politique et social), c'est le cas de 50 % des sympathisants LREM/MoDem.

Volonté d'apaisement, volonté de continuité. Cela se traduit *in fine* lorsqu'on interroge ces « centristes » sur ce qu'il faudrait mettre en œuvre pour que le pays aille mieux. Les sympathisants LREM/MoDem souhaitent des réformes profondes, certes, mais sans changer de modèle de société. Quand 35 % des Français pensent qu'un changement de modèle de société serait nécessaire pour améliorer les choses en France, c'est le cas de 14,5 % des sympathisants LREM/MoDem, soit le taux le plus bas de l'ensemble des électorats (23 % chez LR ; 45 % au RN ;

44 % à gauche et 48 % à l'extrême gauche) alors que 78 % des sympathisants LREM/MoDem plaident pour des réformes profondes sans pour autant changer de modèle de société (contre 57 % des Français).

Les enjeux prioritaires : la dette publique, l'environnement et la laïcité

Parmi les enjeux qui leur semblent les plus importants quand ils pensent à la situation du pays, les sympathisants LREM/MoDem se distinguent à plusieurs titres du reste de la population. Alors que 41 % des Français citent le pouvoir d'achat comme l'un des trois enjeux qui les préoccupent le plus pour l'avenir, c'est le cas de 35,5 % des sympathisants LREM/MoDem. À titre de comparaison, 40,5 % des sympathisants de gauche et 44 % des sympathisants du RN évoquent le pouvoir d'achat comme l'un des trois enjeux qui les préoccupent le plus pour l'avenir.

Moindre intérêt pour le pouvoir d'achat donc, mais aussi moindre intérêt pour les inégalités sociales. Quand 21,5 % des Français placent ces dernières parmi les trois enjeux qui les préoccupent le plus, c'est le cas de 15 % des sympathisants LREM/MoDem (contre presque 40 % à gauche et à l'extrême gauche). Seuls les sympathisants LR (10 %) et ceux du RN (11 %) font moins bien.

Les différences avec les sympathisants LR et les sympathisants du RN quant aux enjeux prioritaires se retrouvent d'ailleurs sur d'autres sujets, à commencer par l'immigration et l'environnement. 29 % des Français se préoccupent de l'immigration quand ils pensent à la situation du pays. C'est le cas d'un sympathisant LR sur deux et de presque sept sympathisants RN sur dix. *A contrario*, l'immigration n'est pas centrale dans la tête des sympathisants LREM/MoDem, avec 20 % de citations (soit 9 points de moins que la moyenne nationale et plus de 30 points de moins que les sympathisants LR et RN).

Moins focalisés sur l'immigration que la moyenne des Français et que les sympathisants LR et RN, les sympathisants LREM/MoDem sont en revanche davantage préoccupés par l'environnement lorsqu'ils pensent à la situation du pays. Ainsi, quand ce sujet inquiète 30 % des Français, c'est le cas de 34 % des sympathisants LREM/MoDem (soit 10 points de moins qu'à gauche, mais 14 de plus que chez LR et 20 points de plus qu'au RN).

En outre, deux autres sujets distinguent très nettement les sympathisants LREM/MoDem du reste de la population. Alors que 14 % des Français se disent inquiets des déficits publics et de la dette quand ils pensent à l'avenir du pays, c'est le cas de 21 % des sympathisants LREM/MoDem, ce qui les place sur ce sujet au même niveau que les sympathisants LR. L'autre thème qui distingue nos sympathisants LREM/MoDem est la défense de la République et de la laïcité. Quand cette question préoccupe 11 % des Français, c'est le cas de 17 % des sympathisants LREM/MoDem. Sur ce sujet, comme sur la dette, les sympathisants LREM/MoDem se situent au même niveau que les sympathisants LR (contre 8 % à gauche, à titre de comparaison).

Un lien plus fort à la politique ?

S'agissant de l'intérêt pour la politique d'une façon générale, les sympathisants LREM/MoDem se distinguent positivement des sympathisants de gauche et du RN : 35 % disent s'intéresser « beaucoup » à la politique, contre 31 %

des sympathisants de gauche, 31,5 % à l'extrême gauche et 31,5 % des sympathisants du RN. Seuls les sympathisants LR (37 %) montrent un intérêt légèrement plus important.

Cet attrait de la politique se traduit-il par un intérêt accru pour la campagne électorale par rapport au reste des électorats ? Dans la vague 3 de notre panel publié en décembre 2021[1], 51 % des sympathisants LREM/MoDem disaient s'intéresser fortement à l'élection présidentielle à venir. C'est plus qu'à gauche (37 %) et qu'à l'extrême gauche (27 %) mais autant que les sympathisants LR et RN. Reste à savoir si tout cela bougera durant une campagne qui n'a pas livré encore toutes ses vérités.

1. Fondation Jean-Jaurès, Ipsos, Cevipof et *Le Monde*, « Enquête électorale 2022 », vague 3, décembre 2021.

La France de droite

Émilien Houard-Vial

S'il demeure toujours de nombreux désaccords sur la manière de définir la gauche et la droite en tant que familles politiques et idéologiques, dessiner les contours de l'électorat de droite n'en est pas moins une gageure. Certes, si les formations politiques peuvent défendre de nouvelles idées et en abandonner d'anciennes à mesure que le débat public évolue, elles occupent généralement dans leur système partisan une position relative assez invariable : en France, la SFIO puis le Parti socialiste ont toujours été de gauche ou de centre gauche, les postgaullistes toujours de droite et le Front puis Rassemblement national toujours d'extrême droite.

En revanche, les choses sont plus mouvantes pour les électeurs, qui peuvent radicalement changer de positionnement en quelques années, même si le phénomène est peu fréquent, et qui ne sont surtout pas sommés de se positionner clairement sur l'axe gauche-droite. Un électeur de Nicolas Sarkozy de 2012 ayant voté Emmanuel Macron en 2017 a-t-il perdu sa qualité *a priori* d'« électeur de droite », même si ses opinions n'ont que peu varié entre-temps ? Une électrice votant pour faire réélire le maire LR de sa commune est-elle nécessairement « de droite » ? Ces questions ne connaissent aucune réponse évidente.

Pour simplifier, il est possible de définir l'électorat de droite de trois manières. Premièrement, par l'autopositionnement des électeurs sur une échelle gauche-droite allant la plupart du temps de 0 à 10 : si l'on peut considérer tous les électeurs se positionnant au-dessus de la moyenne comme étant à droite, on tendra plus souvent à voir les positions de 6 à 8 comme caractéristiques de la droite, pour les distinguer de l'extrême droite. Deuxièmement, en prenant en compte les électeurs sympathisants d'un parti clairement situé à droite : pour la France, Les Républicains sont souvent le seul parti comportant suffisamment de sympathisants à droite pour que ces derniers soient comptabilisés dans les sondages. Troisièmement, en incluant les citoyens ayant voté soit pour un candidat de droite à la dernière élection présidentielle, soit pour un parti de droite aux dernières élections législatives : dans ce chapitre, nous préférerons nous restreindre aux électeurs de François Fillon, ou antérieurement à ceux de Nicolas Sarkozy.

À travers des sondages, des enquêtes d'opinion académiques et des ouvrages scientifiques, nous mobiliserons essentiellement les deux dernières mesures en ce qu'elles sont les plus usitées. On trouve d'ailleurs une grande récurrence des tendances lourdes de l'électorat de droite en matière de caractéristiques sociodémographiques ou d'opinions politiques, quelle que soit la mesure. Il ne faut cependant pas perdre de vue l'aspect à la fois changeant et composite de l'électorat de droite, notamment en raison de la menace de « braconnage » que font peser sur lui les forces politiques d'extrême droite depuis quarante ans, et depuis quelques années les forces du centre. Nous tenterons donc d'aborder ce portrait électoral avec nuance, aussi bien pour comprendre les transformations de la France de droite que pour saisir ce qui fait encore, malgré le risque de délitement, sa spécificité.

Qui sont les Français de droite ?

À bien des égards, le profil sociodémographique des électeurs de droite colle aux idées reçues. D'une part, selon les chiffres de la « French Electoral Study 2017[1] », conduite juste après le second tour de l'élection présidentielle, près de la moitié de l'électorat de François Fillon était âgée de plus de 65 ans (46,9 %), là où on avoisinait les 28 % pour celui d'Emmanuel Macron et 18 % pour celui de Marine Le Pen. Le corollaire est une très faible part des jeunes dans l'électorat de droite : seuls 9,8 % des électeurs de François Fillon avaient moins de 35 ans en 2017, contre 28,7 % par exemple pour Marine Le Pen. Ainsi, si François Fillon parvenait à séduire plus de 36 % des seniors, ce n'était le cas que d'à peine 8,5 % des 18-34 ans.

Cette donnée constitue un avantage de court terme mais un désavantage de long terme pour les partis de droite. Vincent Tiberj a par exemple montré que les plus anciennes cohortes d'électeurs entretenaient un rapport très traditionnel au vote, dans la mesure où elles ont grandi dans une société où celui-ci était un devoir, avec un rapport plus

1. Institut Kantar pour le Cevipof, « French Electoral Study 2017 ». Les chiffres bruts ont été redressés sur la base de la composition sociodémographique réelle de la population française, du niveau de diplôme et des résultats effectifs de l'élection présidentielle de 2017.

déférent aux élites politiques[1]. Les plus âgés d'entre nous sont donc plus susceptibles de voter à chaque élection, et pèsent souvent davantage dans les urnes en comparaison de leur poids relatif dans la population, et ce, particulièrement en cas de faible participation, comme lors des élections régionales et départementales de 2021.

En revanche, le vivier d'électeurs de droite n'est pas amené à se renouveler naturellement, puisque le vote à droite est bien moins une question d'âge que de génération[2]. Ainsi, les générations nées avant la guerre et le *baby-boom* ont toujours été plus susceptibles de se positionner à droite que les suivantes, en particulier que les générations devenues électrices après mai 1968[3]. Or, les générations les plus anciennes sont par définition amenées à disparaître à moyen terme, et la désaffection progressive des générations les plus récentes à l'égard la gauche ne profite pas réellement à la droite, puisqu'elle exprime surtout la défiance croissante envers la politique institutionnelle et les grands partis de gouvernement.

1. Vincent Tiberj, « Le vote décentré ? Renouvellement générationnel et rapport à la participation électorale en France », *Revue française de science politique*, vol. 68, n° 5, 2018, p. 821-845.
2. La France n'est pas le seul pays où la droite modérée s'affirme comme le camp des générations anciennes, c'est également le cas de l'Allemagne avec la CDU, du Royaume-Uni avec les conservateurs ou de l'Italie avec Forza Italia, même si, dans les systèmes multipartisans, les partis sociaux-démocrates sont aussi touchés par le phénomène, les jeunes générations se tournant vers les partis les plus « nouveaux ».
3. Vincent Tiberj, « *Running to stand still* ». Le clivage gauche/droite en 2017 », *Revue française de science politique*, vol. 67, n° 6, 2017, p. 1089-1112.

L'âge des électeurs de droite joue aussi sur leur degré de pratique religieuse, fortement corrélé au vote conservateur. Ainsi, seuls 11 % des électeurs de François Fillon se déclaraient sans religion en 2017, alors que les personnes se déclarant sans religion représentent environ un tiers de la population française. De même, plus la pratique religieuse (à très grande majorité catholique) est marquée, plus le vote à droite est élevé. Le candidat de la droite avait ainsi rassemblé respectivement 52 % et 40,5 % des voix exprimées par les électeurs se rendant une fois par semaine et une à deux fois par mois à l'église, même si cela ne concerne que 8 % du corps électoral. Au total, les individus se rendant régulièrement ou occasionnellement à la messe représentaient 38 % de l'électorat Fillon, soit près de deux fois plus que leur poids dans la population (20 %). Ces données sont évidemment à placer en regard des opinions exprimées par lesdits électeurs sur les questions culturelles ou les questions d'autorité, de transmission ou de rigueur économique.

D'autre part, la droite s'affirme comme le camp des électeurs les plus aisés. Ainsi, toujours selon la « French Electoral Study 2017 », 20,7 % des électeurs de François Fillon estimaient faire partie des classes sociales supérieures, alors que ce n'est le cas que de 5,6 % de l'ensemble des électeurs – plus de la moitié des électeurs considérant faire partie de la « bourgeoisie » ayant ainsi opté pour François Fillon. Ce dernier rassemblait également un tiers des artisans et commerçants et environ 45 % des agriculteurs, un monde des indépendants qui constitue « le seul "positionnement de classe" qu'on [pouvait] évoquer en 2017[1] ».

1. *Ibid.*, p. 1096.

A contrario, un peu plus de 8 % des ouvriers seulement ont choisi la droite en 2017, contre environ 30 % pour Marine Le Pen.

Cette faible adhésion des classes populaires à la droite est ancienne. Si, aux législatives de 1967, les gaullistes de l'Union des démocrates pour la République pouvaient encore séduire 30 % des ouvriers, les candidatures de Jacques Chirac et Raymond Barre n'en avaient chacune convaincu que 10 % lors de la présidentielle de 1988[1]. Nicolas Sarkozy était certes parvenu à redresser temporairement la barre en attirant 26 % des ouvriers en 2007[2], dont une partie avait voté Jean-Marie Le Pen en 2002, grâce à sa campagne axée sur la « valeur travail » évoquant aussi bien la hausse du pouvoir d'achat qu'une certaine vision de l'ordre social fondée sur le mérite, et à sa personnalité censément plus crédible que celle du dirigeant du FN d'alors[3]. Mais son élection n'a rien changé à la tendance de très long terme qui a vu la droite se recentrer sur les catégories sociales les plus aisées.

Globalement, les électeurs de droite jouissent d'une situation économique plutôt favorable: en 2017, seuls 18,6 % des électeurs de François Fillon disaient devoir parfois affronter des problèmes financiers, le taux le plus bas de tous les candidats (et 41 % dans l'ensemble de la population). De même, seuls 26,3 % d'entre eux se considéraient comme

1. Andrew Knapp, *Le Gaullisme après De Gaulle*, Paris, Seuil, 1996, p. 314.
2. Sylvie Strudel, « L'électorat de Nicolas Sarkozy: "rupture tranquille" ou syncrétisme tourmenté ? », *Revue française de science politique*, vol. 57, n°s 3-4, 2007, p. 459-474.
3. Nonna Mayer, « Comment Nicolas Sarkozy a rétréci l'électorat Le Pen », *ibid.*, p. 429-445.

des « perdants de la mondialisation », une proportion certes plus élevée que chez les électeurs d'Emmanuel Macron (21,2 %), mais très faible par rapport à celle des électeurs de Marine Le Pen (76,6 %)[1]. L'électorat de droite est donc ainsi soudé par un certain rapport au travail et à l'ordre socio-économique, qu'il tend à fortement légitimer.

La faiblesse électorale de la droite au niveau national durant le quinquennat Macron peut dès lors s'expliquer – outre ses scores insuffisants dans les classes moyennes de type professions intermédiaires et employés – par l'attrait du vote centriste pour les cadres et les catégories supérieures, tandis que certains indépendants peuvent se montrer tentés par un vote de protestation pour l'extrême droite, comme certains sondages de la précampagne présidentielle ont pu le montrer[2]. Preuve que cet électorat est également susceptible d'être attiré par les propositions idéologiques d'autres camps politiques.

Que pensent les Français de droite ?

En 1994, déjà, Janine Mossuz-Lavau identifiait trois thèmes particulièrement propres aux Français se disant de droite : d'abord, le rejet d'une société multiculturelle et la préoccupation pour l'immigration – qui doit mener à l'intégration au sein de la communauté nationale, dans la mesure où la patrie ne peut accepter un nombre croissant de personnes étrangères sur son territoire ; ensuite, la crainte

1. Sondage Ifop-Fiducial, « Le profil des électeurs et les clefs du premier tour », 25 avril 2017.
2. À titre d'exemple, voir le sondage Ifop-Fiducial, « Baromètre de l'élection présidentielle – vague 4 », 5 octobre 2021.

d'un excès de libertés conduisant à l'abandon des règles de base de la société et des valeurs traditionnelles de moralité, de bien, d'effort, de mérite et de transmission, au profit d'un laxisme généralisé ; enfin, la crainte d'une dégradation de la famille avec la perte de l'autorité familiale et de la place des parents dans la société[1].

Même si le terme est peu usité en France – en tout cas pas sans une connotation assez négative –, les Français de droite sont donc majoritairement conservateurs, en ce sens qu'ils se mobilisent sur le terrain ou dans les urnes par peur du déclin et par souhait de freiner une transformation subie de leur cadre de vie. Il existe certes des périodes politiques davantage tournées vers l'avenir et les grands projets de société que d'autres, mais les Français qui votent pour la droite le font de manière générale afin de garantir la stabilité de la société, que ce soit face à des périls économiques, budgétaires, sécuritaires, migratoires, culturels ou moraux, ou en vue de contrer des offres idéologiques concurrentes jugées déstabilisatrices – préférentiellement celles de la gauche, mais aussi potentiellement celles de l'extrême droite. Il est aujourd'hui possible de distinguer trois manières dont se décline cette vision conservatrice.

Premièrement, les Français de droite sont les moins permissifs en matière de mœurs, notamment concernant les actes ou modes de vie s'éloignant d'une morale traditionnelle chrétienne : divorce, euthanasie, avortement, mariage homosexuel, consommation de cannabis, etc. Bien sûr, la droite évolue comme le reste de la société : l'Ifop estimait par exemple en 2014 que 67 % des sympathisants de l'UMP

1. Janine Mossuz-Lavau, *Les Français et la Politique : enquête sur une crise*, Paris, Odile Jacob, 1994, p. 135-166.

approuvaient le droit à l'avortement sans restriction, soit deux fois plus que les sympathisants de la majorité UDF/RPR au moment du vote de la loi Veil[1]. En revanche, selon la « French Electoral Study 2017 », seuls 35 % des électeurs de François Fillon étaient favorables à l'adoption par les couples homosexuels, soit 21 points de moins que l'ensemble de la population et même 8 points de moins que l'électorat de Marine Le Pen.

Les Français de droite sont favorables à une société organisée et hiérarchisée, qui ne peut fonctionner selon eux que si les individus se plient à certains principes, et où l'autorité qui permet de les garantir est une valeur cardinale : en 2021, 90 % des sympathisants LR estimaient qu'« on a besoin d'un vrai chef en France pour remettre de l'ordre » et même 100 % que « l'autorité est une valeur trop critiquée aujourd'hui[2] ». Parmi ces principes auxquels adhèrent les électeurs de droite figure évidemment le respect des lois, avec les moyens matériels et légaux que cela peut supposer pour la police et la justice, ainsi que l'effort individuel, chaque individu étant responsable de sa propre situation[3]. Cette forme de matérialisme sécuritaire et autoritaire, à l'opposé des idéaux d'épanouissement de soi, de

1. Ifop, « Les Français et l'interruption volontaire de grossesse », février 2014.

2. Ipsos/Sopra Steria pour *Le Monde*, le Cevipof, la Fondation Jean-Jaurès et l'Institut Montaigne « Fractures françaises – vague 9 », septembre 2021.

3. Nathalie Cyril et Hugo Touzet, « La gauche et la droite, un clivage persistant » *in* Pierre Bréchon, Frédéric Gonthier et Sandrine Astor (dir.), *La France des valeurs. Quarante ans d'évolutions*, Grenoble, Presses universitaires de Grenoble, 2019, p. 265-272.

liberté sans entraves et de soin aux autres caractérisant les plus jeunes générations[1], peut également expliquer le faible intérêt des électeurs de droite pour les enjeux de transition écologique, surtout si ceux-ci viennent contrevenir à l'organisation socio-économique supposée optimiser le confort matériel des individus.

Cette vision intransigeante se décline ainsi en deuxième lieu sur les questions économiques, avec une forte adhésion au libéralisme économique et au dogme de la concurrence juste, contre la tentation de l'économie dirigée ou d'une redistribution excessive des richesses par la puissance publique. Les électeurs de droite sont favorables à une gestion des deniers de l'État en « bon père de famille », c'est-à-dire rigoureuse et parcimonieuse. La plupart d'entre eux estiment que les chômeurs ne font pas suffisamment d'efforts pour trouver du travail, que l'assistanat est trop encouragé en France et que l'on devrait donner la priorité à la compétitivité des entreprises par rapport au droit des travailleurs (68,5 % des électeurs de François Fillon en 2017 étaient en accord avec cette dernière affirmation[2]). Cette adhésion au libéralisme économique des électeurs de droite – qui n'est cependant pas inconditionnelle, comme le montre leur relation à la mondialisation économique[3] – ne contredit pas leur vision conservatrice de la société, dans la mesure où elle vise avant tout à garantir la pérennité de

1. Ronald F. Inglehart, « Changing values among Western publics from 1970 to 2006 », *West European Politics*, vol. 31, nos 1-2, 2008, p. 130-146.

2. Cevipof, « French Electoral Study 2017 », *op. cit.*

3. Ainsi, selon l'enquête « Fractures françaises », 56 % des sympathisants des Républicains considéraient en 2021 la mondialisation comme une menace pour la France.

l'ordre économique existant, dans lequel les inégalités de position seraient nécessaires au fonctionnement collectif et où chacun devrait pouvoir s'élever en suivant les règles du jeu sans chercher à les transgresser.

Le dernier pilier des opinions politiques des électeurs de droite est celui du nationalisme, qu'Agnès Alexandre-Collier et Xavier Jardin considèrent être devenu « une tendance lourde de l'identité de droite aujourd'hui en Europe[1] ». Le terme recouvre certes un grand panel de significations, allant du simple patriotisme à la xénophobie. Dans le cas de la droite française, il faut souligner *a priori* l'absence d'éléments explicitement racistes dans les opinions de ces électeurs et la volonté de ne pas rejeter de manière brutale ceux qui sont installés durablement sur le territoire. La question migratoire n'est par ailleurs pas aussi structurante et obsessionnelle qu'à l'extrême droite, même si Nicolas Sarkozy a temporairement radicalisé ses électeurs durant son quinquennat[2]. Dans les enquêtes, on retrouve systématiquement les électeurs de droite à des niveaux de rejet de l'immigration plus élevés que la moyenne, sans toutefois atteindre ceux des électeurs du RN – en 2017, 59 % des électeurs de François Fillon estimaient qu'il y avait trop d'immigrés en France, soit 4 points de plus que la moyenne des Français mais 32 points de moins que les électeurs de Marine Le Pen[3].

---

1. Agnès Alexandre-Collier et Xavier Jardin, *Anatomie des droites européennes*, Paris, Armand Colin, 2004, p. 111.
2. Florence Haegel et Nonna Mayer, « So close, yet so far: the French Front National and Les Républicains (2007-2017) » *in* Lise Esther Herman et James Muldoon (dir.), *Trumping the Mainstream. The Conquest of Democratic Politics by the Populist Radical Right*, Londres, Routledge, 2018, p. 222-245.
3. Cevipof, « French Electoral Study 2017 », *op. cit.*

Même si le degré de radicalité atteint ces dernières années par certains responsables de droite peut interroger sur le chemin que pourrait prendre une partie de leur électorat, on constate que ce rejet de l'immigration, certes affirmé, concerne avant tout les conséquences supposées de cette immigration sur l'ordre et l'économie plutôt que la crainte d'une dissolution de l'identité française ou d'un supposé remplacement démographique : 61 % des électeurs de François Fillon estimaient en 2017 que l'immigration avait un impact négatif sur l'économie, mais seulement 37 % sur la culture française[1]. Les thématiques de l'extrême droite ont donc bien infusé dans l'électorat de droite depuis plusieurs décennies, sans toutefois y acquérir la même intensité – en tout cas pas chez tous les électeurs. De plus, si les électeurs de droite demeurent assez jaloux des prérogatives de la France en Europe[2], ils sont restés plutôt insensibles au souverainisme du Front national, puisque 77,7 % des électeurs de François Fillon estimaient que l'appartenance à l'Union européenne était une bonne chose, contre seulement 24,3 % des électeurs de Marine Le Pen[3]. Le nationalisme à droite est donc pour l'instant davantage à considérer comme un souci national que comme la défense d'une France assiégée.

1. Cevipof, « French Electoral Study 2017 », *op. cit.*
2. 75 % des sympathisants LR estimaient ainsi en 2021 qu'il fallait « renforcer les pouvoirs de décision de notre pays même si cela [devait] conduire à limiter ceux de l'Europe » (Cevipof, « French Electoral Study 2017 », *op. cit.*).
3. *Ibid.*

Les Français de droite et la politique

La dernière spécificité de l'électorat de droite réside dans le rapport légitimiste qu'il entretient avec les institutions politiques. Dans un contexte de forte défiance envers les acteurs politiques et certaines institutions publiques, les électeurs de droite montrent très souvent des niveaux de confiance plus élevés que la moyenne, au coude-à-coude avec les électeurs d'En marche (dont la confiance apparaît néanmoins plus dépendante de l'attachement au pouvoir actuel). Selon l'enquête « Fractures françaises », en 2021, 44 % d'entre eux faisaient confiance aux députés contre 29 % en moyenne dans la population, 46 % aux sénateurs contre 31 %, 49 % à la présidence de la République contre 37 %, 61 % aux conseillers départementaux contre 49 %, 63 % aux conseillers régionaux contre 48 %, et 85 % aux maires contre 69 %. De même, 95 % ont confiance en l'armée, 93 % dans la police, 94 % dans les PME, 74 % dans le secteur du nucléaire, 59 % dans les grandes entreprises et même 51 % dans les banques. Enfin, 25 % ont confiance dans les partis politiques, un taux certes faible, mais 9 points au-dessus de la moyenne des Français. La seule exception concerne logiquement les syndicats, qui ne recueillent que 14 % de confiance contre 33 % dans l'ensemble de la population.

Les électeurs de droite conservent également une confiance certaine dans le régime démocratique, puisque 79 % estiment qu'il s'agit du meilleur système possible (soit 11 points de plus que la moyenne). Ils ne sont qu'une minorité à penser que les hommes politiques sont corrompus (46 % contre 62 %) et estiment quasi unanimement que le vote est un devoir civique (90 % contre 72 %).

Ils n'expriment cependant pas le même niveau d'enthousiasme pour le système politique ou pour l'avenir du pays que les sympathisants d'En marche, par exemple, et entretiennent surtout un rapport de déférence dû à leur socialisation politique vis-à-vis des institutions en tant que piliers de l'organisation sociale.

Mais les niveaux de confiance élevés de la France de droite ne sauraient être considérés comme acquis à un moment où même les responsables politiques de droite, qui ont assurément l'oreille de leurs électeurs, contribuent à la délégitimation de certaines institutions comme l'école, les médias ou la justice, et adoptent eux aussi des formules radicales pour décrire la situation de la France et désigner des responsables[1]. Le risque est alors de créer un clivage au sein de ce segment de la population, qui trouverait dans d'autres offres politiques de meilleurs débouchés à ses envies soit de radicalité, soit de modération.

1. « Affaire Fillon : la justice et les médias dans le viseur du candidat », France info, 9 février 2017.

La France d'extrême droite

Victoria Géraut, Frédéric Potier

Depuis sa première victoire aux élections municipales de Dreux en 1983, le Front national a fait l'objet de nombreuses études sociologiques tentant de comprendre les spécificités du vote FN. Ces études, qu'elles soient fondées sur des enquêtes statistiques ou sur des enquêtes de terrain, ont montré les évolutions de l'électorat FN, à la fois concernant les profils, la géographie que les objectifs liés à ce vote. La présente contribution se veut une synthèse de ces différents résultats dans la perspective de l'élection présidentielle de 2022.

Qui sont les électeurs du FN/RN ?

Lors de l'élection présidentielle de 1988, Jean-Marie Le Pen parvient à réunir 14,39 % des suffrages exprimés. Depuis cette date, le Front national a réussi à s'inscrire durablement dans le paysage politique français, posant aux observateurs politiques et aux chercheurs universitaires de nombreuses questions. Qui sont les électeurs du FN ? Ont-ils varié à chaque élection ? Quelles sont leurs motivations ?

Dès sa création en 1972, le triptyque idéologique du Front national repose sur l'immigration, la sécurité et les valeurs traditionnelles. Créé par le groupuscule néofasciste Ordre nouveau rassemblant essentiellement d'anciens combattants des guerres coloniales et d'anciens collaborateurs du régime de Vichy[1], le Front national fonde ses bases idéologiques sur le rejet des populations immigrées, perçues comme de plus en plus nombreuses, et sur l'augmentation présupposée de la délinquance. En outre, à ses débuts, il se présente comme un parti très libéral sur le plan économique, qui promeut la libéralisation des services, une baisse drastique de la fiscalité ou encore la diminution du nombre de fonctionnaires[2]. Ainsi, qu'il s'agisse de ses propositions culturelles ou de son programme économique, les idées du Front national attirent dans ses premières années un électorat urbain, plutôt aisé, directement confronté à la « mixité ethnique » qui caractérise son territoire[3]. La crainte de voir s'installer de plus en plus d'immigrés et celle de voir la délinquance augmenter sont les principales raisons qui poussent cet électorat spécifique à se tourner vers le Front national.

Dès la fin des années 1980, le parti d'extrême droite amorce un tournant « social » afin de toucher de nouveaux électeurs : les ouvriers et les habitants des zones rurales. Dès lors, la thématique de l'immigration est couplée à un

1. Sylvain Crépon, Lucile Leclair et Jean Merckaert, « Le FN est-il républicain ? », *Revue Projet*, n° 354, 2016, p. 29-34.
2. Valérie Igounet, « La conversion sociale du FN, mythe ou réalité ? », *ibid.*, p. 35-40.
3. Nonna Mayer, « Du vote lepéniste au vote frontiste », *Revue française de science politique*, vol. 47, 1997, p. 438-453.

programme social nationaliste[1] : les immigrés sont d'autant plus problématiques qu'ils sont accusés d'être la cause du chômage des Français et les principaux bénéficiaires des prestations sociales. À travers ce nouveau paradigme, il s'agit d'opposer la « préférence nationale » au « mondialisme » et au « libre-échangisme[2] », supposés encourager les politiques migratoires et défavoriser les travailleurs français. Ce nouveau combat permet au FN de s'adresser d'une part aux ouvriers qui, déçus par le bilan des années Mitterrand, se tournent désormais largement soit vers l'abstention – qui reste le principal parti des ouvriers –, soit vers l'idée de « priorité nationale » défendue par le parti[3] ; et d'autre part aux habitants des zones rurales, qui voient leurs services et commerces disparaître petit à petit au profit de grandes structures délocalisées.

Cette transition vers un programme social s'est renforcée avec l'arrivée à la direction du parti de Marine Le Pen. La nouvelle présidente place désormais au cœur de ses préoccupations les questions économiques et sociales, au même plan que les questions liées à l'immigration et aux valeurs traditionnelles[4]. La souveraineté nationale et le rejet

1. Valérie Igounet, *art. cit.*
2. Termes démocratisés par Bruno Mégret. Ce nouveau paradigme sera notamment à l'origine de la rupture avec Jean-Marie Le Pen en 1998.
3. Voir par exemple Dominique Andolfatto, Sylvain Crépon, Marion Fontaine, Florent Gougou et Hervé Favre, *Le Front national et les ouvriers. Longue histoire ou basculement ?*, Paris, Fondation Jean-Jaurès/FEPS, 2016.
4. Sylvain Crépon, Alexandre Dézé et Nonna Mayer, *Les Faux-Semblants du Front national*, Paris, Presses de Sciences Po, 2015.

de l'Europe, d'un côté, et la promesse d'un traitement favorisant les travailleurs français au détriment des travailleurs étrangers, de l'autre, entraînent un véritable déplacement de l'électorat FN/RN, dont les caractéristiques deviennent plus populaires. La lutte contre le chômage devient donc le principal allié de Marine Le Pen. En effet, selon le démographe Jean-François Léger, les régions où le taux de chômage est le plus élevé sont aussi les régions où le Front national fait ses meilleurs scores[1]. C'est le cas du littoral méditerranéen, par exemple, ou encore du nord de la France. Cette corrélation peut notamment s'expliquer par la méfiance accrue de ces populations envers des partis de gouvernement qui, malgré de nombreuses promesses, ne sont pas parvenus à réduire les taux de chômage.

Cette évolution ne doit pas faire oublier que le renouvellement de l'électorat FN/RN s'explique aussi par la différence de contextes dans lesquels s'est inscrit le parti. Les nouveaux électeurs du Rassemblement national, à la différence des électeurs « classiques » du Front national, ont grandi dans une France où l'immigration et l'insécurité ont toujours été inscrites à l'agenda politique[2] – et où le FN/RN a toujours été un acteur à part entière de la scène politique. Les électeurs d'aujourd'hui n'assimilent plus le Rassemblement national à un parti ouvertement antisémite et raciste, mais plutôt à un parti anti-élite et antimondialisation, pour qui l'immigration est à la fois la conséquence des politiques d'ouverture des frontières et la cause des maux

1. Jean-François Léger, « Le chômage, terreau du vote Front national ? », *Population & Avenir*, n° 723, 2015, p. 4.
2. Bernard Alidières, « Les temps du vote Front national et de ses représentations », *Hérodote*, n° 144, 2012, p. 18-37.

de la société. Ce changement de représentation explique les succès du RN chez les jeunes actifs : ces derniers, en particulier les ouvriers, largement touchés par le chômage, souffrent d'un manque de reconnaissance sociale et politique que le Rassemblement national tente de combler. Les jeunes les plus enclins à souhaiter une offre politique capable de changer radicalement le système sont aussi ceux qui se disent les plus convaincus par le Rassemblement national[1].

Pour autant, aujourd'hui, après une reconfiguration totale de l'électorat du FN/RN, les pistes d'analyse semblent se brouiller. De plus en plus nombreux, l'électorat FN/RN tend aussi à se diversifier : autant les petits patrons que les ouvriers peu instruits, autant les jeunes que les actifs plus âgés, autant les employés du privé que les agents de la fonction publique et autant les femmes que les hommes…, tous sont désormais de potentiels électeurs RN[2]. Puisqu'il semble désormais de plus en plus difficile d'identifier un électorat spécifique au FN/RN, à quoi peut-on imputer son élargissement et sa diversification ? S'agit-il d'un vote de colère, qu'on pourrait assimiler à un vote contestataire, ou d'un vote d'adhésion ? Pour Nonna Mayer, alors que le vote FN a longtemps été un vote « contre » les partis de gouvernement, soit un vote contestataire, voire de « ras-le-bol[3] », le vote FN/RN tend à devenir un vote d'adhésion : les électeurs s'identifient aux candidats du Rassemblement national et à leurs idées. L'électorat FN/RN est en effet

1. Aurore Chaillou, Anne Muxel, Charlotte Torretti *et al.*, « Pourquoi le FN séduit ? », *Revue Projet*, n° 354, 2016, p. 15-27.
2. Nonna Mayer, « Les constantes du vote FN », *ibid.*, p. 11-14.
3. *Id.*, « Du vote lepéniste au vote frontiste », *art. cit.*

sensible aux thèmes du parti, thèmes qui n'ont pas changé depuis sa création – l'immigration et l'insécurité sont toujours restées au cœur de ses programmes, cela s'est confirmé tout récemment aux dernières régionales[1]. Ces thématiques sont d'autant plus soutenues par le parti qu'elles se sont imposées dans le débat public.

Cet électorat est aussi sensible aux candidats que le parti présente. Les électeurs du RN s'identifient facilement à des candidats qui « ressemblent aux gens[2] », qui ne paraissent pas déconnectés de la réalité socio-économique des citoyens. Ce dernier élément renforce la posture anti-élite que le FN/RN tente de maintenir depuis plusieurs années : formuler des réponses chocs à des questions complexes par un langage clair permettant aux électeurs de s'identifier à ses idées.

Enfin, évoquer les causes d'un soutien croissant au FN/RN revient à s'intéresser aux facteurs conjoncturels qui lui ont permis de prendre de plus en plus de place dans le débat public – il est en effet difficile d'écarter le rôle qu'ont joué les questions de sécurité à l'élection présidentielle de 2002 et les attentats de 2015 à celle de 2017. Aujourd'hui, on peut donc se demander quelles seront les conséquences de la crise sanitaire sur le vote Rassemblement national alors que celle-ci a remis au goût du jour les questions de souveraineté, de fermeture des frontières et de relocalisation.

1. Victoria Géraut et Frédéric Potier, « Analyse des programmes RN aux régionales et départementales », Paris, Fondation Jean-Jaurès, juin 2021.
2. Sylvain Crépon, Lucile Leclair et Jean Merckaert, *art. cit.*

Le vote FN/RN : une adhésion politique assumée à une idéologie d'extrême droite ?

Le 21 avril 2002, alors que Jean-Marie Le Pen parvient à accéder au second tour de l'élection présidentielle, des centaines de milliers de personnes descendent dans les rues partout en France pour manifester leur opposition et faire barrage à l'extrême droite. De nombreux commentateurs de l'époque évoquent un « accident électoral », une erreur liée notamment à la dispersion de la gauche. Quinze ans plus tard, lorsque Marine Le Pen arrive elle aussi à se hisser à la deuxième place de l'élection face à Emmanuel Macron, la donne a changé : ses soutiens sont bien plus nombreux que ceux de son père en 2002 – elle mobilise presque 3 millions d'électeurs supplémentaires – et les mobilisations de contestation sont bien plus faibles[1], banalisant l'éventualité d'une candidate d'extrême droite au pouvoir.

Le fait est que le RN n'a jamais réellement renoncé à ses idéaux d'extrême droite, ni même songé à organiser véritablement une sélection rigoureuse de ses candidats, en dépit de la stratégie de banalisation impulsée par Marine Le Pen en 2018 avec le changement de nom de son parti. Si rien n'a été cédé sur le fond (à l'exception d'un ralliement opportuniste à la laïcité, et de manière timorée à l'euro), l'évolution la plus notable a été celle du langage politique : utilisation de termes plus nuancés – est désormais privilégié le mot « origine » plutôt que « race », par exemple –, suppression de toute référence antisémite ou

1. Abel Mestre, « Après la qualification du FN, des manifestations sporadiques et quelques échauffourées à Paris et Nantes », *Le Monde*, 24 avril 2017.

raciste, bannissement aussi des références liées à la Shoah ou à la guerre d'Algérie[1]. Le Rassemblement national se veut désormais plus « politiquement correct » et moins clivant. Pascal Perrineau, en 2016, parlait même d'un « toilettage idéologique[2] » du parti, à tout le moins cosmétique, avec un déplacement des idées liées à l'immigration et à la délinquance vers une vision très particulière de la laïcité et de la République.

Cette stratégie a-t-elle fonctionné auprès des électeurs du RN ? Le succès aux élections régionales de juin 2021 du Rassemblement national témoigne d'une très forte adhésion des Français au parti. Alors même que de nombreux médias ont fait apparaître au grand jour quantité de candidats problématiques sur les listes du Rassemblement national (comme l'ancien militant du GUD Bernard Marandat dans les Bouches-du-Rhône ou encore Philippe Vardon, ancien militant de groupuscules d'extrême droite comme Jeunesses identitaires ou Nissa Rebela, dans les Alpes-Maritimes), cela n'a pas empêché le parti de réaliser des scores historiques. Les électeurs ont donc bien moins de mal qu'auparavant à choisir le Rassemblement national, malgré des dérives qui persistent, notamment homophobes et sexistes.

Cet attrait pour le RN peut sûrement s'expliquer par la prégnance des sujets historiquement défendus par le FN/RN à l'agenda politique des campagnes. En effet, alors que les thèmes tels que la délinquance ou l'immigration étaient l'apanage du FN de sa création aux années 1990, ils sont

1. Cécile Alduy, « Nouveau discours, nouveaux succès », *Pouvoirs*, n° 157, 2016, p. 17-29.
2. Pascal Perrineau, « Montée en puissance et recompositions de l'électorat frontiste », *ibid.*, p. 63-73.

désormais traités par tous les partis politiques et à toutes les campagnes électorales. Et ce, car ils font désormais partie des questions qui préoccupent le plus les électeurs français. Un sondage Ispos/Sopra Steria datant d'octobre 2021 mené pour la Fondation Jean-Jaurès, *Le Monde* et le Cevipof de Sciences Po en témoigne : la délinquance (27 %) et l'immigration (29 %) font partie des enjeux les plus préoccupants pour les Français, derrière le pouvoir d'achat cependant (41 %) et l'environnement (30 %)[1].

Appelant à un changement radical dans ces domaines, les électeurs se tournent ainsi beaucoup plus naturellement vers le vote RN. Comme l'explique notamment le sociologue américain Rogers Brubaker, le Rassemblement national, comme de nombreux autres partis d'extrême droite d'Europe de l'Ouest, utilise désormais l'argument « civilisationnel[2] » pour convaincre les électeurs, en désignant l'islam ou l'étranger comme ennemi, et non plus les femmes, les juifs ou encore les homosexuels. La focale du RN aurait donc changé : en adoptant un discours centré sur la laïcité et la République, le parti non seulement justifie son programme, mais aussi attire l'adhésion. Cette nouvelle rhétorique lui permet aussi de se déplacer sur l'axe partisan traditionnel et de se défendre d'être un parti d'extrême droite.

L'abandon récent du projet de quitter l'Europe traduit la même préoccupation. Alors qu'elle formulait encore ce

1. « Élection présidentielle 2022 : un paysage politique plus morcelé que jamais », *Le Monde*, 22 octobre 2021 ; sondage Ipsos/Sopra Steria pour *Le Monde*, la Fondation Jean-Jaurès et le Cevipof, réalisé du 7 au 13 octobre 2021.

2. Rogers Brubaker, « Between nationalism and civilizationism: the European populist moment in comparative perspective », *Ethnic and Racial Studies*, vol. 40, n° 8, 2017, p. 1191-1226.

souhait lors de la campagne de 2017, Marine Le Pen prône aujourd'hui un changement de l'Europe, notamment avec le soutien des gouvernements d'extrême droite en Hongrie et en Pologne[1], sans que cela implique la sortie de la France de l'Union européenne, à laquelle les Français restent attachés.

C'est donc la combinaison des stratégies électorales et du contexte conjoncturel qui semble permettre au Rassemblement national de convaincre des électeurs qui, bien que votant pour le parti de Marine Le Pen, ne se sentent pas forcément d'extrême droite. On assiste en quelque sorte à une euphémisation du degré de radicalité du Rassemblement national, qui n'empêche plus les électeurs de voter pour lui. Au contraire, le vote RN, en progressant, s'avère de moins en moins tabou et caché : il n'est plus honteux de voter RN aujourd'hui. Cette euphémisation du vote RN conduit aussi à une plus faible opposition des acteurs politiques et associatifs en désaccord avec le parti.

Dix ans d'élections locales (2011-2021) : du succès de la notabilisation à l'échec de la banalisation ?

La poussée du Front national (2011-2015)

Les élections cantonales de 2011 ont été une étape clé dans la progression du Front national. Sous l'égide de Marine Le Pen, le parti n'ambitionne plus seulement d'incarner une fonction tribunicienne lors des élections nationales, mais entend jouer un rôle dans l'exercice des pouvoirs locaux, prélude à des responsabilités nationales.

1. « Marine Le Pen, Victor Orban et Matteo Salvini visent une "alliance" au Parlement européen », France info, 2 juillet 2021.

Lors des élections cantonales des 20 et 27 mars 2011, le Front national rassemble au premier tour du scrutin 1 379 902 voix, soit 15,06 % des suffrages exprimés, et 915 504 voix au second tour, soit 11,57 % des suffrages exprimés. Dans les cantons où il est présent, il obtient en moyenne 19,18 % des voix au premier tour (sur 1 441 cantons) et 35,5 % des suffrages exprimés au second tour (sur 403 cantons). Durant l'entre-deux-tours, il progresse de 293 244 voix mais n'obtient finalement que deux élus (à Brignoles et Carpentras-Nord). Les élections cantonales de 2011 traduisent cependant une réalité forte : l'ancrage territorial à un niveau très élevé du FN dans le quart nord-est de la France (35 % des voix au second tour dans l'Aisne), la grande périphérie francilienne et l'arc méditerranéen (45 % des voix au second tour dans les Alpes-Maritimes).

Lors des élections municipales de 2014, le Front national poursuit sur sa lancée. La difficulté à disposer de suffisamment de candidats l'empêche de présenter des listes dans de nombreuses communes, en particulier celles de taille réduite. Mais si son score global paraît faible (4,76 % des suffrages exprimés au premier tour), le parti frontiste enregistre pour la première fois des victoires dans huit communes, dont Hénin-Beaumont, conquise au premier tour du scrutin par Steeve Briois, au cœur de la circonscription de Marine Le Pen. Il remporte des villes importantes dans le sud-est de la France (Béziers, Fréjus, Bollène, Le Luc, Cogolin et Le Pontet) mais aussi, de manière plus notable, des succès concentrés dans le Grand Est (Villers-Cotterêts, Hayange) et en région francilienne (Mantes-la-Ville). Cette nouvelle géographie des villes FN se traduit également par des scores supérieurs à 30 % des suffrages exprimés dans des villes comme Brignoles, Perpignan, Graulhet,

Villeneuve-sur-Lot, Forbach. On assiste par ailleurs à une forte porosité entre les électorats de droite et d'extrême droite qui explique la chute de villes traditionnellement de gauche comme Limoges[1].

Les élections régionales de 2015, qui se déroulent dans des circonscriptions électorales remaniées (treize « grandes régions métropolitaines »), confirment l'ancrage désormais très fort du FN dans l'ensemble du territoire. Au premier tour du scrutin, les listes FN réunissent 27,73 % des suffrages exprimés et accèdent partout au second tour, sauf en outre-mer. Les listes de gauche sont contraintes de se désister en Nord-Pas-de-Calais-Picardie et en région PACA, et d'appeler à voter à droite pour permettre la victoire de Xavier Bertrand (57,77 %) face à Marine Le Pen et de Christian Estrosi (54,78 %) face à Marion Maréchal-Le Pen. Aux élections départementales de la même année, le FN poursuit son ancrage territorial en l'emportant dans trente et un cantons, ces gains se concentrant dans les communes où il avait triomphé un an auparavant aux municipales (Hénin-Beaumont, Beaucaire, Béziers 1, 2 et 3, Fréjus, Le Pontet, Villers-Cotterêts). Les autres victoires se trouvent sans surprise dans les zones de force de son électorat (Aisne, Gard, Oise, Var, Vaucluse).

La stabilisation et le reflux (2020-2021)

Dans le contexte très particulier des élections municipales de 2020, marqué par la crise sanitaire, huit des douze listes conduites par les maires sortants issus ou proches du

1. Martial Foucault et Florent Gougou, « Bilan des élections municipales françaises de 2014 dans les villes de plus de 9000 habitants », Cevipof, avril 2014, p. 6.

Rassemblement national l'emportent dès le premier tour avec des scores très élevés. C'est le cas notamment à Fréjus (50,6 %), Hénin-Beaumont (74,2 %), Béziers (68,7 %). Le Rassemblement national prend sa première ville de plus de 100 000 habitants, Perpignan, où Louis Aliot gagne face au maire sortant LR avec 53 % des voix, mais sans l'étiquette RN. La notabilisation et la prime au sortant ont donc joué à plein pour les élus RN, au point que l'on peut se demander si le parti d'extrême droite ne serait pas devenu « un parti comme les autres ». Cependant, au niveau national, le RN est en recul : il n'a plus que 840 sièges dans 258 communes (contre 1 438 sièges dans 463 communes en 2014). Dans sept des trente et un cantons remportés en 2015, il ne parvient pas à constituer de listes en mars 2020[1].

Un an plus tard, les élections régionales de 2021 sont un échec pour le RN. Alors que les sondages annonçaient des scores très élevés et de possibles victoires dans quatre régions (Hauts-de-France, Grand Est, PACA, Bourgogne-Franche-Comté), il stagne au premier tour (18,69 %) et ne remporte aucun exécutif régional. Hésitant entre deux stratégies, il est probablement apparu comme désormais trop institutionnalisé pour sa base radicale en investissant comme têtes de liste d'anciens parlementaires LR (Jean-Paul Garraud en Occitanie, Thierry Mariani en PACA) tout en peinant à attirer de nouveaux électeurs en raison de plateformes programmatiques peu crédibles[2]. Ce reflux est tout aussi visible aux élections départementales, où le RN ne

1. Paul Cébille, *Défaut d'implantation, l'épine dans le pied du Rassemblement national ?*, Paris, Fondation Jean-Jaurès, juillet 2021.
2. Victoria Géraut et Frédéric Potier, *art. cit.*

parvient à faire élire ses candidats que dans treize cantons, contre soixante-deux en 2015. Le seul département qu'il entendait diriger, les Pyrénées-Orientales, dans la foulée de la victoire de Louis Aliot à Perpignan, repasse à gauche.

Un électorat fidèle et captif ?

Dans sa contribution aux mélanges publiés en hommage à Pascal Perrineau, Jean Chiche rappelle que « le FN, depuis sa création en 1972, et son changement de nom en RN en 2018, a été présent à toutes les élections présidentielles, à l'exception de 1981 où il n'a pu recueillir le nombre de parrainages suffisant[1] ». Le score moyen des candidats Le Pen au premier tour de l'élection présidentielle entre 1988 et 2017 est de 16 % des suffrages exprimés. En trente ans, ce vote a finalement peu évolué dans sa géographie. Il est à noter cependant que le vote FN/RN à l'élection présidentielle s'avère de plus en plus prégnant dans les communes de petite taille, les territoires ruraux et les zones qui concentrent le plus de difficultés économiques et sociales.

Face au Front national, les républicains de gauche et de droite ont longtemps hésité entre opposition frontale et tentative de récupération. Sur le plan électoral, la seule réussite incontestable est celle de Nicolas Sarkozy, qui parvient lors du premier tour de l'élection présidentielle de 2007 à faire redescendre le FN à 10,4 % des suffrages exprimés (38 % des électeurs lepénistes de 2002 ayant voté pour le candidat

1. Jean Chiche, « La géographie du lepénisme aux élections présidentielles » *in* Piero Ignazi et Dominique Reynié (dir.), *La Vie politique. Pour Pascal Perrineau*, Paris, Presses de Sciences Po, 2021, p. 217-226.

de l'UMP). Jérôme Fourquet évoque à cet égard un « rapt électoral[1] » organisé dès 2002 grâce à un positionnement politique très offensif de droite décomplexée concernant la sécurité, la valeur travail et le contrôle des flux migratoires. Nicolas Sarkozy réussit ainsi à récupérer la partie la moins radicale et la moins antisystème de l'électorat lepéniste.

Une décennie plus tard, les échecs relatifs mais successifs de Marine Le Pen à l'élection présidentielle de 2017 puis aux municipales de 2020 et aux régionales de 2021 ont reposé la question du caractère captif de l'électorat FN/RN. Alors que l'électorat de Marine Le Pen apparaissait comme le plus fidèle à son chef, l'émergence d'une candidature d'extrême droite comme celle d'Éric Zemmour met en lumière une forme de fragilité. D'après une enquête Ipsos d'octobre 2021[2], un tiers de l'électorat de Marine Le Pen de 2017 envisagerait de voter en faveur du polémiste de CNews. Ce « dégagisme du dégagisme » est rendu possible par un discours zemmourien violemment anti-immigrés, anti-islam, antieuropéen multipliant les provocations, là où Marine Le Pen s'évertuait à se donner depuis des années une posture présidentielle crédible et à rassurer les électeurs de la droite de gouvernement. Le siphonage des électeurs RN de Marine Le Pen se heurte cependant à plusieurs écueils. Éric Zemmour défend un libéralisme économique classique là où la fibre sociale du RN lui a permis de remporter des succès

1. Jérôme Fourquet, « L'érosion électorale du lepénisme » *in* Pascal Perrineau (dir.), *Le Vote de rupture. Les élections présidentielle et législatives d'avril-juin 2007*, Paris, Presses de Sciences Po, 2008, p. 213-234.
2. Fondation Jean-Jaurès, Ipsos, Cevipof et *Le Monde* « Enquête électorale 2022 », vague 2, octobre 2021.

notables dans le quart nord-est de la France. Zemmour ne parvient pas non plus à combler un *gender gap* considérable, l'électorat féminin de Marine Le Pen restant, au moment de l'écriture de ces lignes, fidèle à la présidente du RN[1]. Dans la lutte que se livreront ces deux branches de l'extrême droite française, la course aux cinq cents parrainages d'élus locaux permettant de se présenter à l'élection présidentielle sera décisive.

Conclusion

Presque quarante ans après sa victoire électorale à Dreux en 1983, le Front national, devenu Rassemblement national, constitue toujours une donnée majeure de la vie politique française. Pour autant, comme l'ensemble de la classe politique, il semble touché à son tour par les phénomènes de désaffiliation partisane, avec des périodes de flux et de reflux. La capacité d'Éric Zemmour à fracturer en à peine quelques mois la base électorale du parti augure la possibilité d'une recomposition politique très large allant de la droite radicale à l'extrême droite. Quoi qu'il en soit, ce dynamisme sur l'aile droite de l'échiquier politique français appelle en contrepoint à réfléchir de manière urgente au dépassement des divisions endémiques de la gauche française…

1. Antoine Bristielle et Tristan Guerra, « Radiographie de l'électorat potentiel d'Éric Zemmour » *in* Gilles Finchelstein (dir.), *Le Dossier Zemmour. Idéologie, image, électorat*, Paris, Fondation Jean-Jaurès, octobre 2021, p. 23-32.

L'écologie dans l'opinion publique française à la veille de l'élection présidentielle de 2022

Simon Persico

La place laissée aux enjeux environnementaux dans la campagne présidentielle de 2022 déterminera le sort de l'écologie à double titre. Premièrement, c'est de cette visibilité que dépendra le sort de *l'écologie politique* et du candidat de cette famille politique : Yannick Jadot. En effet, la destinée électorale des candidats et partis associés à un enjeu aux yeux des électeurs est indexée à sa visibilité dans la campagne. Or, les électeurs considèrent les Verts comme les plus crédibles sur l'environnement[1]. Ceux-ci disposent de ce que les politistes appellent un *issue ownership* – ils sont les principaux propriétaires des enjeux environnementaux aux yeux des électeurs –, comme le Rassemblement national a longtemps bénéficié d'un fort *issue ownership* sur les questions d'immigration et de sécurité. Deuxièmement, la visibilité des enjeux environnementaux dans la campagne

1. Tarik Abou-Chadi, « Niche party success and mainstream party policy shifts – How green and radical right parties differ in their impact », *British Journal of Political Science*, vol. 46, n° 2, avril 2016, p. 417-436 ; sondage Odoxa, « Meilleur candidat, image et rôle des écologistes », septembre 2021.

influencera la nature et l'ampleur des *politiques écologiques* menées dans les cinq années du mandat suivant, et ce, quel que soit le vainqueur. La science politique française et internationale a montré que les politiques mises en œuvre dans un secteur donné dépendent, elles aussi, de la visibilité de ce thème dans la campagne électorale et de la priorité que les citoyens lui accordent[1].

La dernière vague de l'enquête « Fractures françaises[2] » permet justement de se faire une bonne idée du niveau d'importance accordé par les électeurs aux enjeux environnementaux. Elle donne également de précieuses informations quant à la structure de l'opinion publique sur ce sujet, laquelle est dans une large majorité favorable à une action environnementale résolue, et met en lumière les déterminants sociaux et politiques de ces valeurs environnementales. Elle permet, *in fine*, de comprendre quelles sont les incitations des différentes forces politiques à se saisir de ce sujet et à prendre des positions plus ou moins fortes dans la lutte contre la crise écologique. Dans un contexte de polarisation croissante entre, d'un côté, les enjeux d'immigration et d'insécurité et, de l'autre, les enjeux climatiques, la lutte pour l'agenda sera plus déterminante que jamais.

---

1. Philip Moniz et Christopher Wlezien, « Issue salience and political decisions » in *Oxford Research Encyclopedia of Politics*, 28 septembre 2021.
2. Ipsos/Sopra Steria pour *Le Monde*, le Cevipof, la Fondation Jean-Jaurès, et l'Institut Montaigne, « Fractures françaises – vague 8 », août 2021.

Une priorité partagée par plus d'un tiers des personnes interrogées

Enjeux qui préoccupent le plus les personnes interrogées (en %)[1]

Avenir du système social	42
Protection de l'environnement	**40**
Délinquance	38
Difficultés en matière de pouvoir d'achat	36
Immigration	32
Menace terroriste	26
Montée des inégalités sociales	24
Système scolaire	15
Taux de chômage	13

D'abord, la protection de l'environnement fait partie des enjeux les plus importants aux yeux des personnes interrogées dans le cadre de l'enquête « Fractures françaises ». Ainsi, 40 % des répondants la choisissent au nombre des trois enjeux qui les préoccupent le plus. Comme l'indique le tableau ci-dessus, il est dépassé de peu par l'avenir du système social (42 %) mais devance la délinquance, le pouvoir d'achat et l'immigration, pour lesquels le niveau de priorité reste toutefois élevé. Cette place dans l'ordre des priorités citoyennes est relativement nouvelle. La plupart des enquêtes récentes montrent que le degré de priorité accordé à l'environnement a connu un bond depuis la période 2018-2019, marquée par des mobilisations importantes sur le front du climat et la

1. La question était la suivante : « Quels sont les trois enjeux qui vous préoccupent le plus à titre personnel ? » Suivait la liste des neuf enjeux.

diffusion du consensus scientifique sur la gravité de la crise écologique déjà en cours[1].

Un dégradé de positions relatives au changement climatique et à l'environnement

De fait, comme on le voit sur la figure suivante, l'existence du réchauffement climatique n'est quasiment plus contestée par les citoyens français. 88 % des personnes interrogées considèrent que nous sommes en train de vivre un réchauffement climatique, contre 9 % qui ne le pensent pas et 3 % qui déclarent ne pas savoir. Un large accord existe aussi sur l'origine humaine de ce réchauffement climatique, même si cette position est moins unanime que dans la communauté scientifique. 68 % des personnes interrogées considèrent que le réchauffement est principalement dû à l'activité humaine, contre 18 % qui estiment qu'il est avant tout lié à un phénomène naturel et 13 % qui déclarent ne pas savoir ou qu'il est impossible de savoir.

L'enquête montre aussi qu'une large majorité de personnes adoptent des positions conformes à celles des écologistes sur les questions environnementales : elles sont 78 % à considérer qu'« il faut que le gouvernement prenne des mesures rapides et énergiques pour faire face à l'urgence environnementale, même si cela signifie de demander aux

1. Aurélien Evrard et Simon Persico, « Entre relance verte et variable d'ajustement : les effets contradictoires de la Grande Récession sur les politiques environnementales » *in* Patrick Hassenteufel et Sabine Saurugger (dir.), *Les Politiques publiques dans la crise. 2008 et ses suites*, Paris, Presses de Sciences Po, 2021, p. 297-329.

Français de modifier en profondeur leurs modes de vie ». Elles sont 63 % à estimer que le gouvernement doit prendre ces mesures, « même si cela signifie de demander aux Français et aux entreprises des sacrifices financiers ».

Le décalage avec les positions écologistes, souvent critiques à l'égard du technosolutionnisme, est plus marqué sur les manières de faire face au réchauffement climatique : 23 % des personnes interrogées considèrent en effet que « c'est principalement le progrès technique et les innovations scientifiques qui nous permettront de trouver des solutions », contre 53 % qui estiment au contraire que « c'est principalement la modification importante de nos modes de vie » ; 16 % estiment qu'il n'y a plus rien à faire car il est trop tard et 8 % déclarent ne pas savoir – un niveau d'incertitude élevé, constaté pour les autres questions sur le sujet, et qui distingue les enjeux relatifs à l'environnement des autres.

La structure de l'opinion sur les enjeux associés au changement climatique (en %)

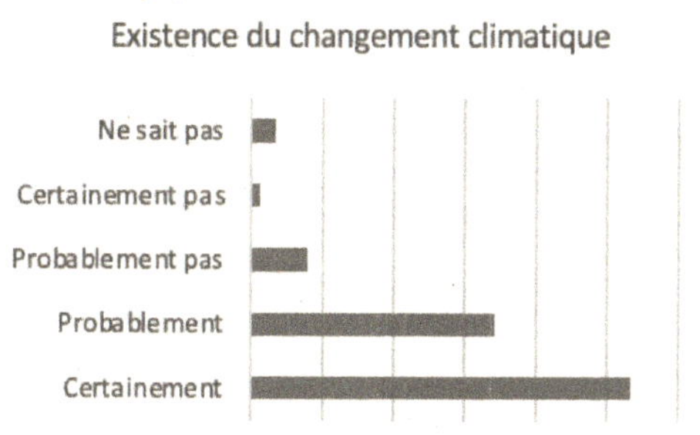

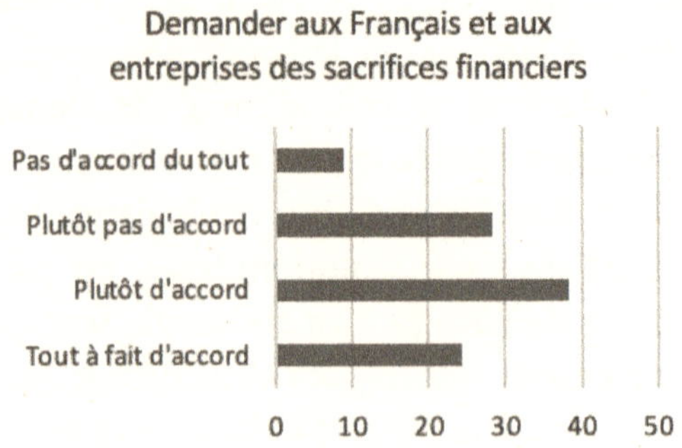
Demander aux Français et aux
entreprises des sacrifices financiers
Pas d'accord du tout
Plutôt pas d'accord
Plutôt d'accord
Tout à fait d'accord
0
10
20
30
40
50

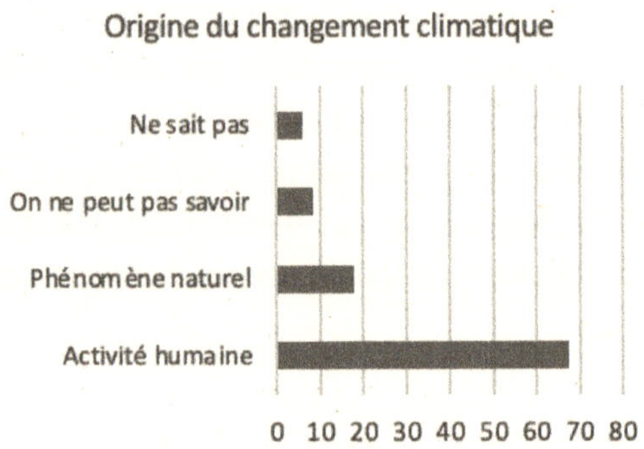
Origine du changement climatique
Ne sait pas
On ne peut pas savoir
Phénomène naturel
Activité humaine
0
10
20
30
40
50
60
70
80

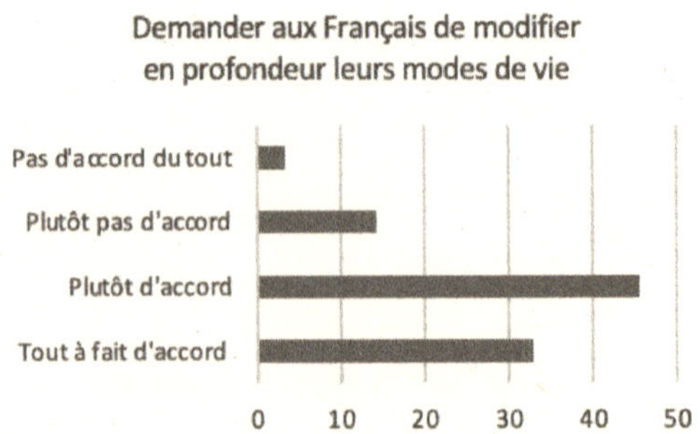
Demander aux Français de modifier
en profondeur leurs modes de vie
Pas d'accord du tout
Plutôt pas d'accord
Plutôt d'accord
Tout à fait d'accord
0
10
20
30
40
50

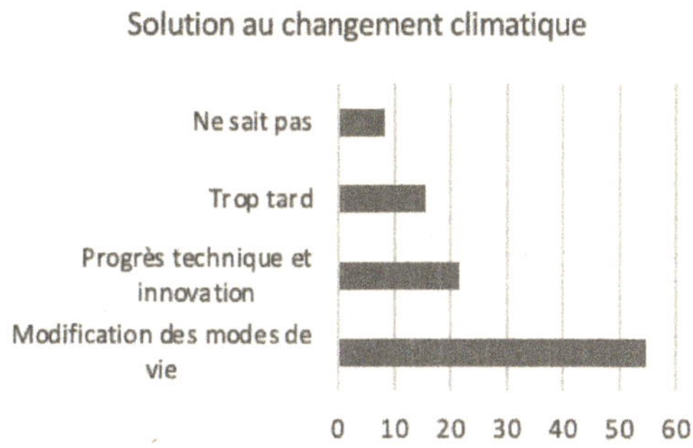

Source : enquête « Fractures françaises », 2021.

Ces graphiques montrent que la part des personnes adoptant des positions que l'on peut considérer comme favorables à l'écologie est importante mais varie selon les questions – de la quasi-unanimité reconnaissant l'existence du changement climatique à une nette majorité prête à accepter que le gouvernement prenne des mesures rapides et énergiques, quitte à demander des sacrifices financiers aux Français et aux entreprises. En dépit de ces variations, ces réponses sont cohérentes entre elles. Par exemple, les personnes favorables à l'idée de sacrifices financiers sont le plus souvent celles qui considèrent que le réchauffement climatique existe et qu'il est d'origine humaine. Il est ainsi possible de créer un score de soutien à l'action écologique, combinant ces différentes questions, dont la distribution est représentée dans la figure suivante. Ce score est de 0 pour les personnes ayant donné des réponses systématiquement hostiles à l'écologie et de 10 pour les répondants systématiquement favorables. Le score moyen, dans l'enquête « Fractures françaises » 2021, s'élève à 7,4.

Le score de soutien à l'action environnementale (en %)

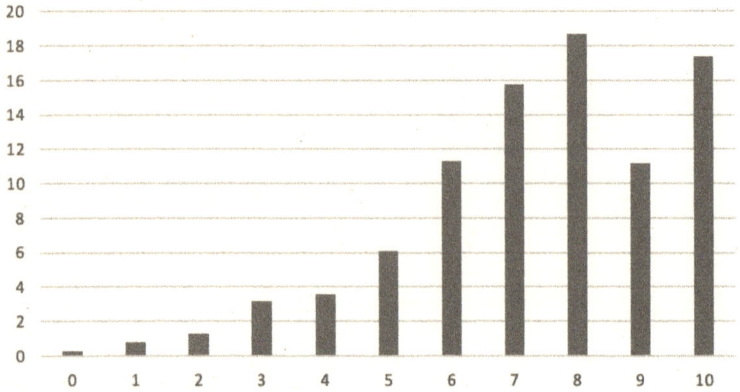

Les déterminants sociologiques de l'environnementalisme

L'analyse des déterminants du soutien à l'action environnementale confirme les résultats classiques sur les valeurs écologistes. Le tableau suivant montre que la prise de conscience environnementale comporte une forte dimension générationnelle : les plus jeunes se distinguent par un score plus élevé que la moyenne (8,0 contre 7,4). De même, le niveau de diplôme détermine en partie les positions pro-environnementales, puisque les répondants titulaires d'un bac+3 ou plus ont un score moyen de 7,9, près d'un point supérieur à celui des répondants n'ayant pas obtenu le baccalauréat.

Les déterminants sociologiques du score de soutien à l'action environnementale

Genre	Femmes	7,5
	Hommes	7,4
Âge	18-24 ans	8,0
	25-34 ans	7,5
	35-44 ans	7,4
	45-59 ans	7,4
	60 ans et plus	7,3
Diplôme	Non diplômé, brevet, CAP, BEP	7,0
	Baccalauréat	7,5
	Bac+2	7,6
	Bac+3 ou plus	7,9
Revenu mensuel	Moins de 1 200 euros	7,4
	De 1 200 à 2 999 euros	7,3
	De 3 000 à 4 499 euros	7,7
	Plus de 4 500 euros	7,4
Zone d'habitation	Centre urbain	7,5
	Banlieue	7,4
	Périurbain	7,3
	Rural	7,6
Total		7,4

D'autres facteurs sociologiques, comme le genre, semblent moins influents. La différence de score entre les femmes et les hommes est très faible (respectivement 7,5 et 7,4). De même, l'effet du niveau de vie semble limité : seules les personnes disposant d'un revenu mensuel situé entre 3 000 et 4 499 euros ont un score sensiblement supérieur à la moyenne ; pour le reste, on constate que les répondants les plus riches (revenu mensuel supérieur à 4 500 euros) et les plus pauvres (revenu mensuel inférieur à 1 200 euros) ne se distinguent pas, avec un score moyen de 7,4. Enfin, les réponses varient marginalement selon le lieu de résidence, même si les habitants de zones périurbaines ont des scores sensiblement moins élevés que dans les centres urbains ou en zone rurale. Un rappel, s'il était nécessaire, du fait que le soutien à l'action écologique n'est pas l'apanage de riches habitants des centres urbains.

L'écologie dans l'espace politique

En plus d'être déterminé, en partie, par des facteurs sociologiques, le score de soutien à l'action environnementale est également lié à la position des répondants sur d'autres enjeux qui structurent le débat public. Cette relation entre l'environnement et d'autres conflits politiques, sur l'Europe, sur l'identité et l'immigration ou sur la place laissée à la puissance publique dans le fonctionnement de l'économie n'est pas nouvelle mais apparaît de manière très nette dans l'enquête. Elle s'observe dans la répartition des trois enjeux qui paraissent prioritaires aux yeux des répondants : les personnes citant l'environnement sont nettement moins susceptibles de mentionner la délinquance, l'immigration ou la menace terroriste que d'autres enjeux comme les inégalités ou l'avenir du système scolaire.

Cette relation apparaît également dans le tableau suivant, qui compare les scores environnementaux moyens selon le positionnement des répondants sur d'autres grands enjeux. Les personnes favorables à la construction européenne, ouvertes à la présence d'étrangers sur le territoire français, tolérantes à l'égard de l'islam et qui défendent l'intervention de l'État dans l'économie se révèlent plus engagées sur les questions d'environnement que les répondants adoptant des positions opposées sur ces autres thématiques. On peut noter que les différences liées à des préférences idéologiques sont plus marquées que la plupart des différences attachées à des appartenances sociologiques, à l'exception de l'âge et du diplôme.

Les déterminants politiques du score de soutien à l'action environnementale

Construction européenne	L'UE une bonne chose	7,9
	L'UE une mauvaise chose	7,2
Nombre d'étrangers en France	Pas trop d'étrangers	7,9
	Trop d'étrangers	7,2
Compatibilité de l'islam avec les valeurs françaises	L'islam est compatible	8,0
	L'islam n'est pas compatible	7,0
Rôle de l'État dans l'économie	Renforcer le rôle de l'État	7,9
	Limiter le rôle de l'État	7,1
Proximité partisane	Extrême gauche	8,3
	LFI-PCF	7,6
	EELV	8,7
	PS	7,5
	LREM-MoDem	7,7
	LR-UDI	7,1
	DLF-RN	6,9
	Aucun parti	7,2
Total		7,4

À cette structuration de l'opinion environnementale selon les valeurs correspond une structuration partisane et électorale de l'opinion. Les électeurs se déclarant proches d'EELV affichent ainsi un score de soutien à l'action environnementale très élevé (8,7). Suivent ensuite les électeurs d'extrême gauche (8,3), de LREM et du MoDem (7,7), du PC et de la France insoumise (7,6) et du PS (7,5). Pour les électeurs de droite, le score est plus bas – il descend même à 6,9 pour les répondants se déclarant proches du

Rassemblement national ou de Debout la France. Cette configuration de l'opinion permet d'ailleurs de comprendre une partie des choix de doctrine et de communication des responsables politiques.

Sans que l'on sache vraiment si la transformation du discours politique se limite à une communication avisée ou marque un changement plus radical du logiciel guidant les politiques publiques, le rapport à l'environnement des partis situés au centre et à gauche de l'échiquier politique s'est modifié. En témoigne le discours explicitement antiproductiviste porté par La France insoumise sur les questions d'écologie[1], avec son programme assez proche de celui d'EELV sur ces questions. On constate aussi l'intensification des positions pro-environnementales au Parti socialiste[2].

Le cas d'Emmanuel Macron et de la nébuleuse LREM est assez similaire. Cependant, la réalité de ces convictions peut être évaluée à l'aune des politiques menées, et cette évaluation illustre une ambiguïté : abandon du projet d'aéroport à Notre-Dame-des-Landes d'un côté, prolongation de l'autorisation du glyphosate de l'autre ; promesse d'une application « sans filtre » des propositions issues de la Convention citoyenne pour le climat un jour, abandon de la

1. Manuel Cervera-Marzal, *Le Populisme de gauche. Sociologie de la France insoumise*, Paris, La Découverte, 2021.

2. Il suffit de lire l'argumentaire stratégique du parti, intitulé « Social, Écologie, (mais aussi) République », pour comprendre que la mue doctrinale du PS n'est ni achevée, ni consensuelle en interne. On y retrouve pour l'essentiel une critique des « dérives extrémistes de la mouvance écolo » qui marque bien une volonté de ne pas agir trop radicalement pour faire face à la crise écologique.

plupart d'entre elles quelques mois plus tard[1]. Eu égard à la large diffusion des valeurs écologistes dont atteste l'enquête « Fractures françaises », on comprend le choix de ne pas laisser le terrain aux Verts exclusivement. Mais les politiques de transition écologique mises en œuvre sont loin d'être à la hauteur des exigences pointées par les scientifiques. De même que, avant elles, les politiques menées par les gouvernements socialistes ou gaullistes.

Et puis, il y a la trajectoire de la droite et de l'extrême droite, qui ne font même plus vraiment semblant de se soucier d'écologie. En atteste l'absence de ces thèmes lors des débats télévisés pour la primaire interne du parti Les Républicains. En atteste aussi, dans les rares prises de position des candidats sur cette question, la remise en cause de politiques environnementales pourtant consensuelles dans le champ des politiques de lutte contre le réchauffement climatique, sur le développement de l'énergie éolienne, par exemple. Autre signe de cette hostilité nouvelle de la droite plus ou moins radicalisée sur les questions environnementales : les écrits et déclarations d'Éric Zemmour opposant « la France qui craint le grand réchauffement » à « celle qui a peur du grand déclassement et du grand remplacement » et qu'il compte désormais représenter politiquement[2].

On retrouve ici une volonté explicite de la part de la droite de s'opposer à l'écologie, y compris scientifique.

1. Géraud Guibert, « La transition écologique est-elle soluble dans la démocratie citoyenne ? », *Futuribles*, n° 445, octobre 2021, p. 33-43.
2. Éric Zemmour, « La France qui craint le grand réchauffement contre celle qui a peur du grand déclassement », *Le Figaro*, 18 décembre 2020.

Ce phénomène touche les États-Unis depuis deux décennies et s'est accéléré avec la présidence Trump. Il était jusque-là resté plus ou moins en dehors du champ partisan français. Cette ère semble terminée. Les enjeux associés à l'écologie sont en train de prendre une nature plus conflictuelle. C'est sans doute dans cette conflictualité que les électeurs soucieux d'environnement peuvent trouver quelque espoir, alors que le début de campagne semble dominé par les enjeux associés au Covid-19 d'un côté, et par le triptyque immigration-islam-insécurité de l'autre. L'existence de vifs débats sur les manières de résoudre la crise environnementale permettrait de renforcer la présence des enjeux climatiques et environnementaux dans l'agenda, en lieu et place des enjeux associés à l'immigration et à l'identité. C'est à cette seule condition que la nette majorité sociale favorable à une action environnementale résolue pourrait trouver une forme électorale.

Je t'aime, moi non plus ? Les Français et la mondialisation

Max-Valentin Robert

Du fait de son histoire électorale et de la culture politique qui l'a irriguée, la société française n'était pas pressentie pour être la plus enthousiaste vis-à-vis du processus de mondialisation. À titre d'exemple, la droite hexagonale s'est longtemps caractérisée par une adhésion moins nette que ses homologues européennes au libre-échange et aux processus d'intégration supranationale, eu égard à un legs gaulliste caractérisé par la prégnance de positionnements colbertistes et souverainistes. Concernant la gauche, rappelons que la variante française du socialisme, à travers l'héritage du jauressisme, élabora progressivement un internationalisme original reconnaissant le « fait national » ; un phénomène qui se manifesta également dans le camp communiste[1], au point que l'on a même pu occasionnellement parler de « national-thorezisme ». Hors du strict champ électoral, rappelons d'ailleurs que l'idée même de nation trouve son origine dans les débats intellectuels ayant nourri la Révolution française.

1. Marc Lazar, *Le Communisme. Une passion française*, Paris, Perrin, 2005 (1re éd. 2002), p. 63-98.

Les élites politiques hexagonales assumèrent toutefois un net engagement proeuropéen à partir du second septennat de François Mitterrand et, à la suite de la chute du bloc de l'Est, ce revirement europhile s'articula avec un discours relativement favorable à l'ouverture économique et à la mondialisation des échanges. L'élection d'Emmanuel Macron en 2017 semble avoir constitué l'aboutissement de cette dynamique, La République en marche incarnant sur la scène électorale française le nouveau centre « libéral-mondialisateur » analysé par Pierre Martin[1]. Si un relatif consensus autour de l'adhésion au projet européen et de l'insertion dans la mondialisation existe aujourd'hui au sein des partis de gouvernement, qu'en est-il dans l'opinion publique ? Les Français ont-ils amorcé un tournant similaire à celui de leurs dirigeants politiques ? Sont-ils désormais favorables à la mondialisation et à ses diverses manifestations ?

Quelle vision de la mondialisation ?

Le poids des déterminants sociaux

La mondialisation semble être perçue avec appréhension par la majorité de la population[2]. Lorsqu'on demande aux Français si elle représente avant tout une « opportunité » ou une « menace » pour leur pays, 55 % d'entre eux se reconnaissent dans la seconde option. De plus, si l'on examine

1. Pierre Martin, *Crise mondiale et systèmes partisans*, Paris, Presses de Sciences Po, 2018, p. 256 et 260.
2. Les données citées dans ce chapitre proviennent de l'enquête Ipsos/Sopra Steria pour *Le Monde*, le Cevipof, la Fondation Jean-Jaurès et l'Institut Montaigne, « Fractures françaises – vague 9 », septembre 2021.

comment cette réponse se décline en fonction du niveau d'intérêt pour la politique *(tableau suivant)*, on constate que seules les personnes interrogées qui se déclarent « beaucoup » intéressées voient la mondialisation comme une chance, alors que l'opinion inverse s'avère majoritaire chez ceux qui affirment s'y intéresser « assez » (58 %), « peu » (54 %) et « pas du tout » (60 %). Ces données révèlent que, derrière la perception de la mondialisation, se manifeste de manière sous-jacente une opposition « de classe » – ou, pour être plus précis, une révélation des inégalités structurant la société française quant à la répartition des capitaux économique et scolaire. En effet, les conséquences des inégalités socioculturelles sur le degré de politisation des individus ont été soulignées par la littérature canonique en science politique[1]. Or, tout indique ici que cette divergence d'opinions concernant la mondialisation, au-delà de l'effet propre du niveau d'intérêt pour la politique, constitue la manifestation d'inégalités plus générales.

Perception de la mondialisation et intérêt pour la politique

« Est-ce que vous vous intéressez à la politique ? »	**« La mondialisation est une opportunité pour la France »**	**« La mondialisation est une menace pour la France »**
Beaucoup	53 %	47 %
Assez	42 %	58 %
Peu	46 %	54 %
Pas du tout	40 %	60 %

1. Daniel Gaxie, *Le Cens caché. Inégalités culturelles et ségrégation politique*, Paris, Seuil, 1978.

Par exemple, si l'on croise les réponses à cette question sur la vision de la mondialisation avec les données relatives à l'autopositionnement social des individus *(tableau suivant)*, on remarque une nette distinction entre, d'un côté, des milieux défavorisés percevant avec appréhension la mondialisation et, de l'autre, des groupes favorisés l'interprétant comme un phénomène positif: si les personnes s'identifiant aux « défavorisés », aux « milieux populaires » et aux « classes moyennes inférieures » sont majoritaires à juger que la mondialisation représente une « menace », celles se reconnaissant dans les « classes moyennes supérieures » et les « milieux aisés » approuvent majoritairement la proposition opposée.

Perception de la mondialisation et autopositionnement social

« À quel milieu social avez-vous le sentiment d'appartenir le plus ? »	« La mondialisation est une opportunité pour la France »	« La mondialisation est une menace pour la France »	« La France doit s'ouvrir davantage au monde d'aujourd'hui »	« La France doit se protéger davantage du monde d'aujourd'hui »
Les défavorisés	38 %	62 %	34 %	66 %
Les milieux populaires	45 %	55 %	43 %	57 %
Les classes moyennes inférieures	39 %	61 %	34 %	65 %
Les classes moyennes supérieures	53 %	47 %	53 %	47 %
Les milieux aisés	67 %	33 %	56 %	44 %

Indépendamment des processus d'identification subjective, les données objectives témoignent également de cet antagonisme de classe structurant le rapport à la mondialisation dans l'opinion publique. Seuls en effet les individus dont le foyer a un revenu mensuel net supérieur à 6 000 euros estiment que la mondialisation est une « opportunité », tandis qu'aucune option majoritaire ne se dégage chez ceux rattachés à un foyer ayant un revenu entre 4 500 et moins de 6 000 euros. En dessous de 4 500 euros par mois, dans toutes les catégories de revenus concernées, les sondés se reconnaissent majoritairement dans la proposition selon laquelle la mondialisation représenterait une « menace ». Cette tendance se manifeste encore plus nettement à propos du capital scolaire : plus on a atteint un haut niveau de qualification, plus on est enclin à penser que la mondialisation est une « opportunité » pour le pays. Si cette opinion n'est partagée que par 33 % des Français uniquement titulaires du BEPC / brevet des collèges / certificat d'études primaires, d'un CAP ou d'un BEP, elle monte à 39 % chez les bacheliers exclusifs, à 43 % chez les bac+2 et devient majoritaire chez les bac+3 ou plus (57 %)[1].

1. Nous avons exclu de notre analyse les personnes scolarisées non diplômées et les personnes non scolarisées en raison de la faiblesse des effectifs disponibles (respectivement quinze et six individus).

Perception de la mondialisation et niveau de diplôme

« Quel est le dernier diplôme que vous ayez obtenu (le plus élevé) ? »	« La mondialisation est une opportunité pour la France »	« La mondialisation est une menace pour la France »	« La France doit s'ouvrir davantage au monde d'aujourd'hui »	« La France doit se protéger davantage du monde d'aujourd'hui »
BEPC / brevet des collèges / BEP / CAP / certificat d'études primaires	33 %	67 %	24 %	76 %
Baccalauréat	39 %	61 %	39 %	61 %
Diplôme de niveau bac+2	43 %	67 %	37 %	63 %
Diplôme de niveau bac+3 ou plus	57 %	43 %	56 %	43 %

Dans l'ensemble, l'opinion publique hexagonale aspire à davantage de protection : 58 % des Français estiment que la France « doit se protéger davantage du monde d'aujourd'hui », contre seulement 41 % jugeant qu'elle doit s'y ouvrir « davantage ». Toutefois, ces réponses se déclinent différemment en fonction de la catégorie sociale d'appartenance[1] : les personnes interrogées s'identifiant aux « défavorisés », aux « milieux populaires » et aux « classes moyennes inférieures » estiment majoritairement que la France doit « se protéger » du monde, tandis que celles qui

1. Nous avons exclu de notre analyse les personnes s'identifiant aux « privilégiés » en raison de la faiblesse des effectifs disponibles (douze individus).

se reconnaissent dans les « classes moyennes supérieures » et les « milieux aisés » jugent que la France doit « s'ouvrir » à celui-ci. Si une attitude « défensive » est prônée par la majorité des sondés quel que soit leur niveau de revenu[1], les effets de la stratification éducative se manifestent de nouveau ici *(tableau précédent)* : seuls 24 % des diplômés du seul BEPC / brevet des collèges / certificat d'études primaires ou d'un CAP/BEP défendent l'ouverture au monde, alors que cette option s'élève à 39 % chez les bacheliers exclusifs, à 37 % chez les bac+2 et même à 56 % chez les bac+3 ou plus. On retrouve donc l'influence des inégalités socioculturelles lorsque sont examinées les préférences face à la mondialisation.

Gauche versus *droite ou centre* versus *radicalités ?*

Si la perception de la mondialisation et les attitudes face à cette dernière révèlent la prégnance des inégalités socioculturelles au sein de la société française, qu'en est-il sur le terrain de la confrontation idéologique et partisane ? L'opposition gauche/droite se manifeste-t-elle à propos de cette thématique particulière ? La question mérite d'autant plus d'être posée dans le contexte de la prochaine échéance présidentielle que plusieurs candidats potentiels (issus de la gauche comme de la droite) ont choisi de placer au cœur de leur campagne un discours critique sur la mondialisation – discours ayant connu un regain de vigueur et de légitimation dans l'espace public durant la crise sanitaire.

1. Exception faite des individus rattachés à un foyer ayant un revenu mensuel net de 6 000 euros et plus.

Les résultats obtenus quant à la perception de la mondialisation semblent esquisser moins un antagonisme entre la gauche et la droite qu'une opposition entre les franges centristes de la population et ses fractions plus radicales *(tableau suivant)*. Sur une échelle d'autopositionnement politique allant de 0 à 10 (0 correspondant à l'option « très à gauche » et 10 à la réponse « très à droite »), seuls les individus se situant sur les échelons 4 (centre gauche), 5 (centre) et 6 (centre droit) jugent que la mondialisation représente une « opportunité » – une opinion partagée par 62 % des personnes ayant choisi l'échelon 4, par 52 % de celles ayant opté pour l'échelon 5 et par 56 % de celles qui ont coché l'échelon 6.

Perception de la mondialisation et autopositionnement gauche-droite

« Sur une échelle de 0 à 10, où diriez-vous que vous vous situez ? »	« La mondialisation est une opportunité pour la France »	« La mondialisation est une menace pour la France »	« La France doit s'ouvrir davantage au monde d'aujourd'hui »	« La France doit se protéger davantage du monde d'aujourd'hui »
0 (très à gauche)	42 %	59 %	50 %	50 %
1	50 %	50 %	47 %	53 %
2	41 %	59 %	59 %	41 %
3	38 %	62 %	49 %	51 %
4	62 %	38 %	55 %	45 %
5	52 %	48 %	49 %	50 %
6	56 %	44 %	42 %	58 %
7	49 %	51 %	36 %	64 %
8	37 %	64 %	26 %	74 %
9	34 %	66 %	29 %	71 %
10 (très à droite)	26 %	74 %	16 %	84 %

Des tendances similaires peuvent être constatées à partir d'un autre élément : le vote au premier tour de l'élection présidentielle de 2017 *(tableau suivant).* Ainsi, seuls les anciens électeurs d'Emmanuel Macron et de Benoît Hamon perçoivent majoritairement la mondialisation comme une chance (à 58 % pour les premiers et à 51 % pour les seconds). Si les anciens électeurs de François Fillon sont plus ambivalents sur ce sujet par rapport aux électorats susmentionnés (50 % des ex-fillonistes voyant la mondialisation comme une « opportunité » et 50 % comme une « menace »), il n'en demeure pas moins que leur ambivalence les distingue nettement des anciens soutiens de Nicolas Dupont-Aignan et de Marine Le Pen – 81 % et 76 % de leurs bases électorales respectives considérant la mondialisation comme une « menace ». Par conséquent, la perception de la mondialisation se structure moins autour d'un antagonisme gauche/droite que d'une opposition entre centrisme et radicalité. Mais cette opposition demeure-t-elle structurante lorsqu'on examine les préférences des personnes interrogées concernant la réponse à apporter à la mondialisation ?

Les tendances précédemment soulignées se dessinent moins nettement quand on demande aux Français si leur pays doit « s'ouvrir » ou « se protéger » du « monde d'aujourd'hui ». Ainsi, si nous reprenons notre échelle d'autopositionnement politique de 0 à 10, nous pouvons remarquer un certain consensus à droite quant à la préférence pour la protection : sur tous les échelons allant de 6 à 10, la majorité des sondés estiment qu'il faut « se protéger » du monde actuel. En revanche, des dynamiques bien moins claires peuvent être remarquées du côté des individus interrogés se positionnant à gauche : si les personnes se situant sur les échelons 1 et 3 prônent une attitude défensive, celles optant pour les échelons 2 et 4 défendent au contraire l'ouverture au monde[1].

Cette ambivalence de l'opinion de gauche est également perceptible lorsqu'on se réfère aux électorats des candidats du premier tour de la présidentielle de 2017 : si 60 % des ex-électeurs de Benoît Hamon pensent qu'il faut « s'ouvrir » à la mondialisation, 59 % des anciens soutiens de Jean-Luc Mélenchon privilégient *a contrario* une posture défensive[2]. À l'inverse de ce que nous constations à droite, l'idée de se protéger du monde semble susciter des divergences au sein de l'électorat de gauche. Il est probable que, dans une partie de celui-ci, un discours défensif sur ce thème est interprété comme un positionnement hostile à l'encontre de l'une des manifestations particulières de la mondialisation : l'immigration. L'attachement à l'« ouverture » d'une fraction des sympathisants de gauche peut donc être interprété comme une défense de l'altérité culturelle.

1. Aucune tendance claire ne se dégage pour les individus ayant choisi l'échelon 0.

2. À gauche, nous avons exclu de notre analyse les anciens soutiens de Nathalie Arthaud et de Philippe Poutou en raison de la faiblesse de leurs effectifs respectifs (six individus pour les premiers, seize pour les seconds). Toutefois, il est intéressant de relever là également que l'électorat trotskiste semble divisé sur la question de la mondialisation – les anciens soutiens de Nathalie Arthaud privilégiant une attitude défensive et ceux de Philippe Poutou prônant l'ouverture.

Perception de la mondialisation et vote au premier tour de l'élection présidentielle de 2017

Vote au premier tour de l'élection présidentielle (2017)	« La mondialisation est une opportunité pour la France »	« La mondialisation est une menace pour la France »	« La France doit s'ouvrir davantage au monde d'aujourd'hui »	« La France doit se protéger davantage du monde d'aujourd'hui »
Nathalie Arthaud[1]	17 %	83 %	33 %	67 %
Philippe Poutou[2]	44 %	56 %	69 %	31 %
Jean-Luc Mélenchon	40 %	60 %	41 %	59 %
Benoît Hamon	51 %	49 %	60 %	40 %
Emmanuel Macron	58 %	42 %	49 %	51 %
Jean Lassalle[3]	30 %	70 %	30 %	70 %
François Fillon	50 %	50 %	36 %	64 %
Nicolas Dupont-Aignan	19 %	81 %	19 %	81 %
Marine Le Pen	24 %	76 %	14 %	86 %
François Asselineau[4]	0 %	100 %	20 %	80 %
Jacques Cheminade[5]	0 %	100 %	0 %	100 %
Blanc ou nul	40 %	60 %	48 %	52 %

L'immigration et le multiculturalisme vus par les Français

Une opposition classique gauche/droite

La proposition selon laquelle il faudrait se protéger du monde actuel peut être interprétée par certaines franges de

1. Six individus.
2. Seize individus.
3. Dix individus.
4. Cinq individus.
5. Un individu.

l'opinion de gauche comme la porte ouverte à une politique restrictive concernant l'immigration. Or, les attitudes par rapport à l'immigration distinguent clairement les individus se positionnant à gauche de ceux se situant à droite de l'échiquier politique *(tableau suivant)*. Par exemple, sur notre échelle d'autopositionnement politique, les individus choisissant les échelons 0 à 4 jugent qu'« il n'y a pas trop d'étrangers en France » – contrairement à ceux optant pour les échelons 6 à 10, qui se reconnaissent dans la proposition inverse (de même que 59 % de l'ensemble des sondés). En outre, les personnes interrogées se positionnant sur les échelons 0 à 4 (ainsi que celles se situant sur l'échelon 5) estiment que, « de manière générale, les immigrés font des efforts pour s'intégrer en France », tandis que le point de vue opposé est majoritaire sur les échelons 6 à 10 (de même que pour 53 % de l'opinion publique générale). D'ailleurs, les personnes se positionnant sur lesdits échelons se reconnaissent majoritairement dans l'idée selon laquelle « aujourd'hui, on ne se sent plus chez soi comme avant » – une idée qui demeure minoritaire dans les échelons 0 à 5, mais qui s'avère majoritaire dans l'ensemble de la population (58 %).

Cette opposition gauche/droite sur les questions relatives à l'immigration et à la diversité culturelle se manifeste aussi lorsqu'on revient aux choix électoraux des personnes interrogées lors du premier tour de la présidentielle de 2017 *(tableau p. 169)*. Respectivement 69 % et 56 % des anciens soutiens de Benoît Hamon et de Jean-Luc Mélenchon jugent qu'il n'y a pas « trop d'étrangers » en France, alors que 79 % des ex-électeurs de François Fillon, 81 % de ceux de Nicolas Dupont-Aignan et 95 % de ceux de Marine Le Pen défendent l'idée inverse. En outre, respectivement

71 %, 78 % et 89 % des sondés ayant voté pour François Fillon, Nicolas Dupont-Aignan et Marine Le Pen estiment que la plupart des immigrés « ne font pas d'efforts pour s'intégrer », contre 61 % des ex-mélenchonistes et 69 % des ex-hamonistes soutenant la thèse opposée. Enfin, les anciens électeurs des trois principaux candidats de droite se reconnaissent dans la proposition selon laquelle on ne se sent désormais « plus chez soi comme avant » (une opinion approuvée respectivement par 66 %, 75 % et 92 % des personnes ayant voté pour François Fillon, Nicolas Dupont-Aignan et Marine Le Pen). À l'inverse, 56 % des ex-partisans de Jean-Luc Mélenchon et 65 % de ceux de Benoît Hamon pensent qu'« on se sent autant chez soi aujourd'hui qu'avant ». Relevons également que, sur les trois questions étudiées, les anciens soutiens d'Emmanuel Macron défendent des positionnements plus proches de ceux de l'électorat de gauche que de droite.

Perception de l'immigration et autopositionnement gauche-droite

« Sur une échelle de 0 à 10, où diriez-vous que vous vous situez ? »	« Il y a trop d'étrangers en France »	« Il n'y a pas trop d'étrangers en France »	« Aujourd'hui, on ne se sent plus chez soi comme avant »	« On se sent autant chez soi aujourd'hui qu'avant »	« De manière générale, les immigrés font des efforts pour s'intégrer en France »	« De manière générale, les immigrés ne font pas d'efforts pour s'intégrer en France »
0 (très à gauche)	47 %	53 %	44 %	56 %	53 %	47 %
1	24 %	76 %	32 %	68 %	65 %	35 %
2	33 %	67 %	36 %	64 %	72 %	27 %
3	44 %	56 %	43 %	57 %	68 %	32 %
4	38 %	62 %	35 %	65 %	68 %	32 %
5	49 %	50 %	49 %	51 %	53 %	46 %
6	68 %	32 %	60 %	40 %	42 %	58 %
7	79 %	21 %	76 %	24 %	30 %	70 %
8	83 %	17 %	76 %	23 %	27 %	73 %
9	97 %	3 %	92 %	8 %	11 %	89 %
10 (très à droite)	94 %	6 %	92 %	8 %	14 %	86 %

Perception de l'immigration et vote au premier tour de l'élection présidentielle de 2017

Vote au premier tour de l'élection présidentielle (2017)	« Il y a trop d'étrangers en France »	« Il n'y a pas trop d'étrangers en France »	« Aujourd'hui, on ne se sent plus chez soi comme avant »	« On se sent autant chez soi aujourd'hui qu'avant »	« De manière générale, les immigrés font des efforts pour s'intégrer en France »	« De manière générale, les immigrés ne font pas d'efforts pour s'intégrer en France »
Nathalie Arthaud	50 %	50 %	33 %	67 %	33 %	67 %
Philippe Poutou	37 %	63 %	31 %	69 %	69 %	31 %
Jean-Luc Mélenchon	44 %	56 %	44 %	56 %	61 %	39 %
Benoît Hamon	31 %	69 %	35 %	65 %	69 %	31 %
Emmanuel Macron	47 %	52 %	46 %	54 %	56 %	43 %
Jean Lassalle	70 %	30 %	60 %	40 %	30 %	70 %
François Fillon	79 %	21 %	66 %	34 %	29 %	71 %
Nicolas Dupont-Aignan	81 %	19 %	75 %	25 %	22 %	78 %
Marine Le Pen	95 %	5 %	92 %	7 %	11 %	89 %
François Asselineau	100 %	0 %	80 %	20 %	20 %	80 %
Jacques Cheminade	0 %	100 %	0 %	100 %	100 %	0 %
Blanc ou nul	50 %	50 %	57 %	43 %	48 %	51 %

Xénophilie et capital socioculturel

Indépendamment de l'opposition gauche/droite sur cette thématique, les positionnements antagonistes sur l'immigration se structurent-ils aussi autour de distinctions sociales ? Quels types de profils socioculturels s'avèrent les plus favorables à l'immigration et au multiculturalisme ? Si la proposition selon laquelle « il y a trop d'étrangers en France » reçoit l'approbation de 59 % des Français, cette position ne recueille pas l'adhésion d'une catégorie particulière de la population : les milieux prospères et diplômés. Ainsi, l'idée selon laquelle l'immigration serait « trop » importante s'avère majoritaire dans toutes les tranches de revenu mensuel, à l'exception de celles s'élevant à 4 500 euros ou plus. C'est également dans ces dernières tranches de revenus que devient minoritaire l'opinion selon laquelle « on ne se sent plus chez soi comme avant », alors qu'elle est approuvée dans toutes les tranches inférieures.

Si nous centrons notre propos sur la variable éducative *(tableau suivant)*, la proportion d'individus estimant qu'« il n'y a pas trop d'étrangers en France » s'avère majoritaire (57 %) chez les personnes titulaires d'un bac+3 ou plus, alors que cette opinion demeure minoritaire chez les bac+2 et les simples bacheliers (37 % dans les deux cas) et descend même à 24 % chez les diplômés du BEPC / brevet des collèges / certificat d'études primaires ou chez les titulaires d'un CAP/BEP. *A contrario*, seule une minorité (45 %) des bac+3 ou plus pense qu'« on ne se sent plus chez soi comme avant », tandis que 62 % des bac+2, 63 % des bacheliers exclusifs et 69 % des diplômés du BEPC / brevet des collèges / certificat d'études primaires ou d'un CAP/BEP se reconnaissent dans cette thèse.

Perception de l'immigration et niveau de diplôme

« Quel est le dernier diplôme que vous ayez obtenu (le plus élevé) ? »	« Il y a trop d'étrangers en France »	« Il n'y a pas trop d'étrangers en France »	« Aujourd'hui, on ne se sent plus chez soi comme avant »	« On se sent autant chez soi aujourd'hui qu'avant »	« De manière générale, les immigrés font des efforts pour s'intégrer en France »	« De manière générale, les immigrés ne font pas d'efforts pour s'intégrer en France »
BEPC / brevet des collèges / BEP / CAP / certificat d'études primaires	75 %	24 %	69 %	31 %	32 %	68 %
Baccalauréat	63 %	37 %	63 %	37 %	47 %	53 %
Diplôme de niveau bac+2	63 %	37 %	62 %	38 %	42 %	57 %
Diplôme de niveau bac+3 ou plus	43 %	57 %	45 %	55 %	61 %	39 %

Les mêmes tendances se dessinent à propos de la perception des efforts d'intégration de la part des immigrés : l'idée selon laquelle la plupart d'entre eux ne fourniraient pas les efforts requis est partagée par 68 % des titulaires du BEPC / brevet des collèges / certificat d'études primaires ou d'un CAP/BEP, par 53 % des bacheliers et par 57 % des bac+2, tandis que les bac+3 ou plus sont une minorité à soutenir cette opinion (39 % d'approbation seulement).

Indépendamment de l'opposition gauche/droite, des lignes de fracture socioculturelles semblent donc structurer également l'opinion publique française. L'influence de ces déterminants peut être aussi perçue à propos d'une autre thématique : l'Union européenne.

Les Français et l'Europe

La confiance envers l'Union européenne, révélatrice des fractures françaises ?

Le niveau de confiance à l'égard de l'Union européenne semble être associé à une série de facteurs sociologiques. Tout d'abord, il convient de souligner que plus on s'identifie aux couches économiquement prospères, plus on est enclin à avoir « plutôt » ou « tout à fait confiance » en l'UE *(tableau suivant)* : 60 % des personnes interrogées estimant appartenir aux classes moyennes supérieures et 67 % de celles qui s'identifient aux milieux aisés déclarent avoir confiance dans les institutions bruxelloises, contre seulement 43 % de celles qui se reconnaissent dans les classes moyennes inférieures, 37 % de celles qui s'identifient aux milieux populaires et 30 % de celles qui se considèrent comme défavorisées. Une tendance similaire se manifeste lorsqu'on examine ce niveau de confiance en relation avec le revenu mensuel net du foyer : la proportion d'individus affirmant avoir « plutôt » ou « tout à fait confiance » en l'Union européenne n'est majoritaire que chez les individus interrogés dont le foyer bénéficie d'un revenu de 3 000 euros ou plus.

Confiance envers l'Union européenne et autopositionnement social

« À quel milieu social avez-vous le sentiment d'appartenir le plus ? »	**« Tout à fait confiance »**	**« Plutôt confiance »**
Les défavorisés	8 %	22 %
Les milieux populaires	5 %	32 %
Les classes moyennes inférieures	5 %	38 %
Les classes moyennes supérieures	8 %	52 %
Les milieux aisés	11 %	56 %

Similairement à ce que nous avons pu constater à propos de la mondialisation et de l'immigration, la variable éducative semble influer sur le degré de confiance accordée à l'UE *(tableau suivant)*. Plus on a un niveau de diplômé élevé, plus on tend à avoir « plutôt » ou « tout à fait confiance » dans les institutions européennes. En effet, si seulement 34 % des diplômés du BEPC / brevet des collèges / certificat d'études primaires ou d'un CAP/BEP et 38 % des bacheliers exclusifs déclarent éprouver un tel sentiment, cette proportion monte à 49 % chez les titulaires d'un bac+2 et devient même majoritaire chez les bac+3 ou plus (58 %). Ce facteur éducatif alimentant le niveau de confiance envers l'UE, il n'est pas interdit de penser que l'adhésion au projet européen va de pair avec un certain sentiment de compétence politique.

Confiance envers l'Union européenne et niveau de diplôme

« Quel est le dernier diplôme que vous ayez obtenu (le plus élevé) ? »	« Tout à fait confiance »	« Plutôt confiance »
BEPC / brevet des collèges / BEP / CAP / certificat d'études primaires	4 %	30 %
Baccalauréat	6 %	32 %
Diplôme de niveau bac+2	6 %	43 %
Diplôme de niveau bac+3 ou plus	8 %	50 %

Entre souverainisme tempéré et alter-européisme

L'opinion publique française semble osciller entre souverainisme tempéré et alter-européisme. En effet, 56 % des personnes interrogées pensent que l'appartenance de la France à l'Union européenne est une « assez bonne » ou une « très bonne chose ». Cette position s'avère relativement consensuelle : quel que soit leur autopositionnement social *(tableau suivant)*, les Français tendent à considérer que l'appartenance à l'UE constitue davantage une « bonne » qu'une « mauvaise chose[1] » (cette opinion est d'ailleurs majoritaire chez les individus s'identifiant aux catégories sociales supérieures). Indépendamment de leur tranche de revenu mensuel, l'idée selon laquelle faire partie de l'UE est positif se révèle majoritaire chez l'ensemble des Français.

1. À l'exception de la catégorie de Français s'identifiant aux personnes défavorisées, catégorie dans laquelle aucune des deux opinions n'est clairement majoritaire.

Jugements sur l'appartenance à l'Union européenne et autopositionnement social

« À quel milieu social avez-vous le sentiment d'appartenir le plus ? »	« Une très bonne chose »	« Une assez bonne chose »	« Une assez mauvaise chose »	« Une très mauvaise chose »	« Ni une bonne, ni une mauvaise chose »
Les défavorisés	15 %	25 %	14 %	26 %	20 %
Les milieux populaires	17 %	32 %	22 %	14 %	15 %
Les classes moyennes inférieures	18 %	36 %	22 %	11 %	13 %
Les classes moyennes supérieures	28 %	39 %	18 %	3 %	11 %
Les milieux aisés	37 %	37 %	7 %	15 %	4 %

La même tendance se dessine lorsque nous croisons ces données avec le niveau de diplôme *(tableau suivant)*: à l'exception des titulaires du BEPC / brevet des collèges / certificat d'études primaires ou d'un CAP/BEP, les autres catégories de diplômés perçoivent majoritairement l'appartenance à l'Union européenne comme positive – ces jugements favorables sont d'ailleurs massifs chez les individus ayant poursuivi leurs études après le baccalauréat.

Jugements sur l'appartenance à l'Union européenne et niveau de diplôme

« Quel est le dernier diplôme que vous ayez obtenu (le plus élevé) ? »	« Une très bonne chose »	« Une assez bonne chose »	« Une assez mauvaise chose »	« Une très mauvaise chose »	« Ni une bonne, ni une mauvaise chose »
BEPC / brevet des collèges / BEP / CAP / certificat d'études primaires	16 %	24 %	25 %	17 %	19 %
Baccalauréat	16 %	31 %	22 %	13 %	18 %
Diplôme de niveau bac+2	18 %	40 %	23 %	9 %	10 %
Diplôme de niveau bac+3 ou plus	29 %	42 %	14 %	5 %	9 %

Toutefois, si le fait d'être membres de l'UE est perçu positivement par les Français, il n'en demeure pas moins qu'une majorité d'entre eux se déclarent insatisfaits de la manière dont la construction européenne se réalise : 53 % se disent « globalement favorables au projet européen, mais pas tel qu'il est actuellement mis en place » *(tableau suivant)*. À l'exception de celles s'identifiant aux « défavorisés », la majorité des personnes interrogées se reconnaissent dans cette proposition, indépendamment de leur appartenance sociale. Quels que soient leur niveau de qualification ou la tranche de revenu à laquelle ils se rattachent, cette idée demeure majoritaire parmi les Français. Ces derniers adhèrent donc au projet européen tout en plaidant pour une réorientation de celui-ci, et cette réorientation n'exclut d'ailleurs pas une revalorisation de l'échelon national. Ainsi, 57 % des personnes interrogées estiment qu'« il faut renforcer les pouvoirs de décision de notre pays même si cela doit conduire à limiter ceux de l'Europe » *(tableau en bas de page)*. Cette opinion demeure majoritaire quels que soient le degré de qualification et le niveau de revenu. L'alter-européisme caractérisant la population hexagonale s'articule donc avec une aspiration à des marges de manœuvre accrues pour l'État-nation français. Un positionnement allant au-delà de la simple dichotomie Frexit/fédéralisation.

« Diriez-vous que vous êtes plutôt... ? »

« ... globalement favorable au projet européen tel qu'il est actuellement mis en place »	24 %
« ... globalement favorable au projet européen, mais pas tel qu'il est actuellement mis en place »	53 %
« ... globalement défavorable au projet européen »	23 %

« Pour faire face efficacement aux grands problèmes des années à venir, quelle est, selon vous, la meilleure solution ? »

« Il faut renforcer les pouvoirs de décision de l'Europe même si cela doit conduire à limiter ceux de notre pays »	28 %
« Il faut renforcer les pouvoirs de décision de notre pays même si cela doit conduire à limiter ceux de l'Europe »	57 %
« Il ne faut rien changer dans la répartition des pouvoirs de décision entre l'Europe et notre pays »	15 %

Quel rapport à l'appartenance nationale ?

Une lecture hâtive des données que nous avons présentées pourrait laisser croire à une prédominance particulièrement forte de l'identité nationale au sein de l'opinion publique. Or, en dépit des jugements critiques exprimés sur l'Union européenne, des dissensions sur la question migratoire et des appréhensions que suscite la mondialisation, il convient de rappeler que les Français ne s'identifient pas prioritairement à ce type de catégorisation : lorsqu'on leur demande le qualificatif qui les « définit politiquement le mieux ou disons le moins mal », seuls 4 % optent pour le terme « patriote », 3 % pour celui de « nationaliste » et 1 % pour celui de « souverainiste ». Les données fournies par l'organisme de recherche américain Pew Research Center contribuent aussi sérieusement à remettre en cause le cliché du Français cocardier et chauvin. À titre d'exemple (et y compris en comparaison avec des pays géographiquement et culturellement proches, tels que l'Italie, la Suisse, l'Allemagne ou le Royaume-Uni), la France est l'un des pays européens où l'opinion publique adhère le moins à l'idée selon laquelle « notre culture est supérieure à celle des autres[1] ».

Au-delà de la question nationale, la grande majorité des Français (55 %) déclarent n'avoir « pas le sentiment d'appartenir à une communauté ». Cette absence d'affiliation communautaire ressentie se manifeste quels que soient la catégorie sociale, le niveau de revenu ou le degré de qualification, et demeure majoritaire indépendamment de l'autopositionnement sur l'échelle gauche-droite ou du vote au premier tour de la présidentielle de 2017. Par conséquent, la demande de protection exprimée par une majorité de Français, de même que leur rapport distant à la mondialisation et leur insatisfaction à l'égard du projet européen, ne peut être interprétée comme la manifestation d'une simple résurgence (ou d'une persistance) d'un sentiment national

1. « Eastern Europeans are more likely to regard their culture as superior to others », Pew Research Center, 24 octobre 2018.

prédominant. Au-delà des interprétations que nous pouvons donner de ce sentiment de non-appartenance, ce dernier constituera un véritable défi pour les candidats qui brigueront les suffrages de nos concitoyens lors du prochain scrutin présidentiel : comment proposer un projet collectif en l'absence d'un « nous » rassembleur ? Comment répondre à cette demande de protection tout en tenant compte du processus continu d'individualisation[1] qui traverse la société française ?

1. Pierre Bréchon et Olivier Galland, « Individualisation et individualisme » in *id.*, *L'Individualisation des valeurs*, Paris, Armand Colin, 2010, p. 13-30.

La santé chez les Français

Chloé Bérut

À l'heure de la crise du Covid-19, l'enjeu de la santé est propulsé sur le devant de la scène. Assiste-t-on à une transformation en profondeur des priorités des Français ou s'agit-il d'un phénomène plus ponctuel lié à l'actualité ? Le caractère multidimensionnel de la thématique santé révèle un ensemble de dynamiques diverses, parfois difficiles à interpréter. Ce chapitre propose d'analyser en détail les différents types d'impacts potentiellement attribuables au Covid-19 sur les priorités des Français en lien avec la santé. Il s'agira notamment de s'intéresser à la relation entre l'enjeu de la santé et celui de la protection sociale, ou encore d'analyser dans quelle mesure l'enjeu de la santé est susceptible d'écarter d'autres thématiques de l'agenda des Français. Enfin, nous nous pencherons sur les liens entre enjeux sanitaires et économiques (en particulier en matière de salaire et de pouvoir d'achat) dans le contexte de l'épidémie de Covid-19.

La crise du Covid-19 et la santé au sommet des priorités des Français

Comme toute crise, qu'elle soit de nature économique, industrielle ou naturelle, la pandémie de Covid-19 a influé sur les représentations des citoyens en matière de santé. Ainsi, l'enquête « Fractures françaises[1] » menée par Ipsos/Sopra Steria montre que le Covid-19 est l'enjeu qui préoccupe le plus les Français en septembre 2020, avec 48,6 % qui la placent parmi leurs trois préoccupations principales.

Les enjeux qui préoccupent le plus les Français en septembre 2020[2]

N°	Enjeux	%
1	**L'épidémie de Covid-19**	**48,6 %**
2	Les difficultés en termes de pouvoir d'achat (salaires, impôts…)	38,5 %
3	L'avenir du système social (santé, retraites…)	36,6 %
4	Le niveau de la délinquance	36,0 %
5	La protection de l'environnement	35,7 %
6	La montée des inégalités sociales	22,9 %
7	Le niveau de l'immigration	21,4 %
8	La menace terroriste	18,2 %
9	Le taux de chômage	17,6 %
10	L'avenir du système scolaire	12,1 %

Source : enquête « Fractures françaises – vague 8 » de septembre 2020, op. cit.

1. Ipsos/Sopra Steria pour *Le Monde*, le Cevipof, la Fondation Jean-Jaurès et l'Institut Montaigne, « Fractures françaises – vague 8 », septembre 2020.
2. Pourcentage des répondants ayant inclus l'enjeu dans leur réponse, limitée à trois choix.

Plus de la moitié des femmes interrogées (53,8 %) considèrent le Covid-19 comme un des enjeux les plus préoccupants à titre personnel, contre 42,6 % des hommes. Le nombre de personnes ayant désigné cet enjeu comme préoccupant est à peu près similaire pour les tranches d'âge des 18-44 ans, avec une chute pour les 45-59 ans (39,6 %) et une nette remontée à partir de 60 ans. S'agissant des professions, ce sont les artisans, commerçants et chefs d'entreprise qui sont les moins nombreux à se préoccuper du Covid-19 (34 %).

En outre, l'enjeu de la santé fait partie du thème plus global de « l'avenir du système social », qui lui-même arrive en troisième position dans les préoccupations des Français. Il est d'ailleurs intéressant de noter que, si l'on exclut l'épidémie de Covid-19 des choix de réponses possibles, l'avenir du système social (santé, retraites) fait toujours partie des quatre enjeux qui préoccupent le plus les Français en 2020. Ainsi, 41,6 % des personnes interrogées dans le cadre de l'enquête « Fractures françaises » indiquent que c'est un enjeu prioritaire. Seule la préoccupation pour la délinquance récolte un score plus élevé, avec 46,3 % de réponses positives. L'avenir du système social est une préoccupation égalitairement partagée par les femmes et les hommes, fait étonnant lorsqu'on voit que la plupart des autres préoccupations affichent une différenciation parfois importante selon le genre des répondants. Autre aspect marquant, les 18-24 ans (qui sont pourtant la catégorie d'âge qui bénéficie le moins du système de protection sociale)[1] sont plus nombreux à se préoccuper

1. Hippolyte d'Albis, Pierre-Yves Cusset et Julien Navaux, « Les jeunes sont-ils sacrifiés par la protection sociale ? », *Note d'analyse*, n° 37, Paris, France Stratégie, janvier 2016.

de l'avenir du système de protection sociale que leurs aînés directs (les 25-34 et les 35-44 ans).

D'autres études d'opinion confirment la prépondérance récente de l'enjeu de la santé dans les préoccupations des Français. Ainsi, dans l'Eurobaromètre Standard 94 publié en 2021, la santé arrive également en première position, à égalité avec la situation économique[1].

Les enjeux qui préoccupent le plus les Français en 2021[2]

N°	Enjeux	%
1	**La santé**	**33 %**
2	La situation économique	33 %
3	L'environnement et le changement climatique	24 %
4	L'immigration	18 %
5	L'état des finances publiques des États membres	15 %
6	Le chômage	14 %
7	Le terrorisme	13 %
8	L'insécurité	11 %
9	La hausse des prix / l'inflation / le coût de la vie	10 %
10	L'influence de l'UE dans le monde	8 %
11	L'approvisionnement en énergie	3 %
12	Les retraites, les pensions	3 %
13	Les impôts	1 %

Source: Eurobaromètre Standard 94, *op. cit., p. 11.*

1. Commission européenne, *Eurobaromètre Standard 94. Rapport national France, hiver 2020-2021*, avril 2021.
2. Pourcentage des répondants ayant inclus l'enjeu dans leur réponse, limitée à deux choix. La question posée était : « À votre avis, quels sont les deux problèmes les plus importants auxquels doit faire face l'UE actuellement ? »

Pourtant, il y a seulement quelques années, cet enjeu était relégué en dernière position dans les priorités des citoyens français. Ainsi, dans un Eurobaromètre publié en 2018[1], on observe que l'enjeu du « système de santé et de la sécurité sociale » arrive en dernière position, avec une mention chez seulement 7 % des répondants, comme celui du « logement ».

Les enjeux qui préoccupent le plus les Français en 2018[2]

N°	Enjeux	%
1	Le chômage	38 %
2	La hausse des prix / l'inflation / le coût de la vie	31 %
3	Le terrorisme	18 %
4	Les questions d'environnement, de climat et d'énergie	16 %
5	L'immigration	15 %
6	Les retraites / les pensions	14 %
7	La situation économique	12 %
8	L'insécurité	11 %
9	Le système éducatif	11 %
10	Les impôts	8 %
11	La dette publique	8 %
12	Le logement	7 %
13	**Le système de santé et de sécurité sociale**	**7 %**

Source: Comission européenne, Eurobaromètre Standard 90, Rapport natinal France, *novembre 2018, p. 8.*

1. La question posée était : « À votre avis, quels sont les deux problèmes les plus importants auxquels doit faire face la France actuellement ? »
2. Pourcentage des répondants ayant inclus l'enjeu dans leur réponse, limitée à deux choix.

La santé apparaît donc, à plusieurs titres, comme un enjeu majeur chez les Français. Cette place prépondérante prise par la santé et la crise du Covid-19 dans leurs préoccupations n'est cependant pas surprenante. En effet, la littérature scientifique montre que, lorsqu'on interroge les individus sur ce qu'ils considèrent comme le problème le plus important à une période donnée, la priorisation des enjeux reflète bien souvent l'actualité marquante du pays. Ainsi, Frank R. Baumgartner et Bryan D. Jones indiquent qu'aux États-Unis, le problème le plus important aux yeux des Américains varie selon plusieurs grands événements : mouvement américain des droits civiques dans les années 1950 et 1960, enjeux de défense et de relations internationales durant la guerre froide, enjeux économiques dans les années 1970-1980[1].

Au-delà de ce constat général, il s'agit plutôt de s'intéresser à la manière dont le Covid-19 a reconfiguré l'enjeu de la santé dans son rapport aux autres priorités du système politique. Le focus sur la santé est-il uniquement lié à l'épidémie de Covid-19 ou affecte-t-il également les préoccupations des Français au regard de leur système social ? Dans quelle mesure les préoccupations sanitaires se confrontent-elles à d'autres enjeux majeurs dans l'agenda des citoyens français ?

1. Bryan D. Jones et Frank R. Baumgartner, « Representation and agenda setting », *The Policy Studies Journal*, vol. 32, n° 1, 2004, p. 1-24.

La reconfiguration des enjeux à la suite du Covid-19 : santé et pouvoir d'achat, deux enjeux liés chez les Français

Si l'épidémie de Covid-19 apparaît comme un enjeu incontournable chez les Français, la manière dont cette crise a joué sur la perception de la santé à un niveau plus global demeure difficile à cerner. En effet, les préoccupations liées au système de protection sociale, qui incluent de fait la santé, semblent de manière générale relativement stables au cours du temps[1]. Ainsi, selon l'enquête Ipsos/Sopra Steria « Fractures françaises » de 2020, les Français étaient déjà 48 % à considérer l'avenir du système social (santé, retraites...) comme un enjeu prioritaire en 2019, avant même que la crise liée au Covid-19 n'éclate[2]. Ensuite, si cette crise a sans aucun doute contribué à la remontée de l'enjeu de la santé chez les Français, une autre étude montre que les préoccupations liées à ce sujet étaient déjà en augmentation avant la pandémie. Ainsi, dans une enquête menée par l'Ifop/Fiducial pour Sud Radio intitulée « Les thèmes prioritaires pour les Français à moins d'un an de l'élection présidentielle[3] », on observe que la santé (qui est

1. Ce constat est en accord avec la littérature sur l'opinion publique et l'État providence, qui souligne généralement la remarquable stabilité des attitudes des citoyens dans ce domaine. Voir par exemple Frédéric Gonthier, *L'État providence face aux opinions publiques*, Grenoble, Presses universitaires de Grenoble, 2017.

2. En 2020, cette proportion s'élevait à 42 %. Source : Ipsos/Sopra Steria pour *Le Monde*, le Cevipof, la Fondation Jean-Jaurès et l'Institut Montaigne, *op. cit.*

3. Ifop/Fiducial pour Sud Radio, *Balises d'opinion #148. Les thèmes prioritaires pour les Français à moins d'un an de l'élection présidentielle*, 2021, p. 5.

ici un item différent de la lutte contre le Covid-19) devient la préoccupation numéro un des Français entre 2018 et 2019 (passant ainsi devant la lutte contre la délinquance), dans une temporalité donc largement antérieure au Covid-19.

S'il est sans doute un peu tôt pour mesurer tous les effets de la crise du Covid-19 sur la structuration des opinions des Français, certaines données permettent néanmoins d'esquisser quelques pistes d'analyse pour l'avenir. Par exemple, l'enquête « Fractures françaises » permet de comparer les changements de priorités des Français en fonction de son inclusion de la thématique « épidémie de Covid-19 ». On observe ainsi que certaines priorités semblent passer au second plan lorsqu'on les met en perspective avec la crise du Covid-19, tandis que d'autres demeurent relativement stables. C'est par exemple le cas des difficultés en termes de pouvoir d'achat (salaires, impôts…) qui, en plus d'être un enjeu particulièrement fort pour les Français, apparaissent comme remarquablement résistantes (avec un recul de 1,9 point seulement lorsque l'épidémie de Covid-19 est incluse dans le questionnaire). Le contraste est frappant avec d'autres domaines comme le niveau de délinquance ou la menace terroriste, qui perdent respectivement 10,3 et 7,9 points lorsque les répondants ont la possibilité d'introduire l'épidémie de Covid-19 dans leur réponse.

La persistance forte des préoccupations des Français en matière de salaire et de pouvoir d'achat dans un contexte sanitaire sous tension est confirmée par différents Eurobaromètres. On observe ainsi dans l'Eurobaromètre Standard 94 que les enjeux de la santé et de la situation économique arrivent à égalité et sont tous deux présents chez 33 % des répondants[1]. De même, dans l'Eurobaromètre spécial 509 conduit fin 2020 sur les questions sociales, on constate que les trois sujets les plus importants pour l'avenir de l'Europe selon les Français sont les soins de santé et la protection sociale (29 %) et les salaires (27 % des répondants)[2].

Les enjeux qui préoccupent le plus les Français en septembre 2020[3]

Enjeux	% avec Covid-19	% sans Covid-19	Différence (en points)
L'épidémie de Covid-19	48,6 %	–	–
Les difficultés en matière de pouvoir d'achat (salaires, impôts…)	**38,5 %**	**40,4 %**	**1,9**
L'avenir du système social (santé, retraites…)	36,6 %	41,6 %	5
Le niveau de la délinquance	36,0 %	46,3 %	10,3
La protection de l'environnement	35,7 %	40,7 %	5
La montée des inégalités sociales	22,9 %	26,7 %	3,8
Le niveau de l'immigration	21,4 %	28,3 %	6,9
La menace terroriste	18,2 %	26,1 %	7,9
Le taux de chômage	17,6 %	22,9 %	5,3
L'avenir du système scolaire	12,1 %	12,4 %	0,3

Source : enquête « Fractures françaises – vague 8 », septembre 2020, op. cit.

1. Commission européenne, *Eurobaromètre Standard 94*, *op. cit.*
2. *Id.*, *Eurobaromètre spécial 509*, « *Questions sociales* », mars 2021.
3. Pourcentage des répondants ayant inclus l'enjeu dans leur réponse, limitée à trois choix.

En outre, certaines données suggèrent que ces deux thématiques, sanitaire et économique, entretiennent des liens étroits dans les préoccupations des Français. Ainsi, si l'épidémie de Covid-19 est bien un événement d'ordre sanitaire, on observe que les Français sont davantage préoccupés par ses impacts de nature économique. En effet, lorsqu'on leur pose la question : « Quand vous pensez à la situation dans les semaines à venir, qu'est-ce qui vous inquiète le plus ? », 65,8 % des répondants optent pour l'impact économique et social de l'épidémie (les fermetures d'entreprises et de commerces, les licenciements, les baisses de salaire), contre seulement 34,2 % pour l'impact sanitaire de l'épidémie (les personnes malades, les décès, les difficultés du système de santé)[1]. Évidemment, cela ne signifie pas que les Français ne se préoccupent pas de l'impact sanitaire du Covid-19. Seulement, quand cette question est mise en concurrence avec celle des difficultés économiques, c'est l'enjeu économique qui apparaît comme le plus saillant, alors même que la campagne de vaccination n'est pas encore déployée au moment de l'enquête (septembre 2020).

Par ailleurs, les différentes classes d'âge ne répondent pas toutes de la même façon à cette question. Entre 18 et 44 ans, la proportion de répondants choisissant l'impact sanitaire ou l'impact économique est plutôt égalitaire (mais toujours avec une majorité en faveur de l'économie, entre 54 et 57,9 % selon les tranches d'âge). De nettes différences apparaissent ensuite à partir de 45 ans, puisque les répondants sont à partir de cet âge au minimum 71,7 % à estimer que les impacts économiques et sociaux sont plus préoccupants. S'agissant

1. Ipsos/Sopra Steria pour *Le Monde*, le Cevipof, la Fondation Jean-Jaurès et l'Institut Montaigne, *op. cit.*

des catégories socioprofessionnelles, les agriculteurs sont les seuls à se montrer majoritairement plus inquiets des conséquences sanitaires du Covid-19 (66,7 %) que de l'économie.

Conclusion

À quelques mois de l'élection présidentielle, l'impact à long terme d'un événement sanitaire comme le Covid-19 sur les préoccupations des Français en matière de santé demeure difficile à analyser. Si l'enjeu de la santé, et notamment de l'épidémie de Covid-19, est désormais incontournable dans leurs priorités, cette brusque montée en puissance de la thématique de la santé ne semble pas aujourd'hui se traduire par une attention accrue accordée au système social, qui était déjà un enjeu majeur avant la crise. De plus, certaines données suggèrent que les inquiétudes liées au Covid-19 sont en grande partie marquées par des priorités d'ordre économique, notamment en matière de salaire et de pouvoir d'achat. Au-delà du lien avec la thématique économique, il est possible que la focalisation sur la santé contribue à évincer, au moins pour un temps, d'autres sujets de l'agenda, comme la délinquance ou la menace terroriste. Les années qui viennent seront sans doute cruciales pour déterminer dans quelle mesure le Covid-19 aura transformé (ou non) en profondeur les priorités des Français.

Les Français face à l'Union européenne : ni Frexit, ni souveraineté européenne

Romain Mespoulet, William Bouchardon

À la veille de la présidence française de l'Union européenne, quel est le regard des Français sur cette UE ? Si la tentation d'un Frexit ne rassemble qu'une minorité, le rapport plus général de nos concitoyens à l'Union européenne est loin d'être uniforme et univoque. Surtout, les études d'opinion indiquent que le clivage pro ou anti-UE n'a guère de sens.

Les Français de plus en plus eurosceptiques ?

Des années 1950 à 1980, les citoyens ne prennent pas part au processus de construction européenne. Ce dernier est conduit par les élites politiques et économiques nationales. Toutefois, les Français accordent leur soutien tacite à cette construction que les travaux scientifiques qualifient de « consensus permissif[1] ». L'accélération du processus d'intégration dans les années 1980 met fin à ce consensus

1. Leon N. Lindberg et Stuart A. Scheingold, *Europe's Would-Be Polity: Patterns of Change in the European Community*, Englewood Cliffs, Prentice-Hall, 1970.

permissif, tandis que l'euroscepticisme[1] émerge peu à peu, en particulier chez les Britanniques. Les référendums de 1992 et surtout de 2005 ouvrent alors le champ à des débats plus spécifiques sur l'Union européenne. Cette dernière reste malgré tout peu présente dans l'actualité politique. Si les référendums ne portent pas sur le principe même de l'Union, ils posent la question de son approfondissement.

Le 20 septembre 1992, la ratification du traité de Maastricht est adoptée par référendum avec 51,04 % de votes pour et 48,96 % de votes contre, avec un taux d'abstention relativement faible (30,31 %). Au vu de ces résultats, l'approfondissement de la construction européenne ne fait donc pas l'unanimité au sein de la population. Plus significatif encore, le 29 mai 2005, le référendum sur le traité établissant une Constitution pour l'Europe est rejeté : 54,67 % des électeurs votent contre, avec une abstention là aussi relativement faible (30,64 %). Si, en 1992, les résultats étaient très serrés, l'opposition qui se manifeste en 2005 face à l'intégration européenne est sans appel : l'écart entre les pour et les contre est de 10 points. La construction européenne s'est poursuivie depuis, mais ces événements marquent la naissance d'un clivage politique autour des questions européennes et d'une politisation de l'opinion publique autour des enjeux de l'intégration.

1. La notion d'« euroscepticisme » revêt des réalités très diverses. Nous l'employons ici pour désigner de façon large les oppositions à l'intégration européenne. Pour des éléments plus précis sur cette question, voir notamment les travaux de Paul Taggart et Aleks Szczerbiak, par exemple : Paul Taggart, « A Touchstone of dissent: Euroscepticism in contemporary Western European party system », *European Journal of Political Research*, vol. 33, n° 3, 1998, p. 363-388 ; *id.*, *The Party Politics of Euroscepticism in EU Member and Candidate States*, Sussex European Institute, Brighton, 2002.

La recherche académique parle ainsi d'un « dissensus contraignant[1] » : désormais, les opposants à l'intégration européenne ne sont plus considérés comme illégitimes et n'hésitent pas à se positionner clairement contre telle ou telle politique publique européenne ni même contre l'Union européenne de manière générale.

Plus généralement, le rapport « Les Français et l'Europe[2] » publié en mai 2020 montre que les Français comptent parmi les plus eurosceptiques. Les données de l'Eurobaromètre Standard de 2019 montrent par exemple que 58 % des sondés n'ont « plutôt pas confiance » dans l'UE[3]. Si l'on s'intéresse plus largement aux évolutions de la confiance des Français dans l'UE au fil du temps, sur la période 2004-2019, on observe que la réponse « plutôt confiance dans l'UE » n'atteint quasiment jamais les 50 % et est en diminution constante. En 2019, les Français ayant « plutôt confiance » dans l'UE sont ainsi à peine plus de 30 %[4].

À l'inverse, à partir de 2010, la réponse « plutôt pas confiance » dépasse presque systématiquement les 50 %. Lors des années de crise, comme en 2013 (crise des dettes souveraines), 2015 (crise migratoire) et 2016 (Brexit), ce chiffre atteint même plus de 60 %. En 2021, le pourcentage de Français ayant « plutôt confiance » dans l'UE est bien

1. Liesbet Hooghe et Gary Marks, « A post functionalist theory of European integration: From permissive consensus to constraining dissensus », *British Journal of Political Science*, n° 39, 2008, p. 1-23.
2. Bruno Cautrès, Thierry Chopin et Emmanuel Rivière, « Les Français et l'Europe. Entre défiance et ambivalence, l'indispensable "retour de l'Europe en France" », Cevipof, Institut Jacques-Delors et Kantar, Paris, mai 2020.
3. Commission européenne, Eurobaromètre Standard 92, 2019.
4. *Ibid.*

en dessous de la moyenne européenne sur cette question (36 % contre 49 %), et celui des Français n'ayant « plutôt pas confiance », bien au-dessus de la moyenne (50 % contre 42 %)[1].

La confiance des Français dans l'Union européenne

« Quelle confiance avez-vous dans cette institution (l'UE) ? »	Moyenne UE-27	France
Plutôt confiance	49 %	36 %
Plutôt pas confiance	42 %	50 %
Ne sait pas	9 %	14 %

Source : Commission européenne, Eurobaromètre Standard 95, avril 2021.

En accord avec les conclusions du rapport susmentionné, ces résultats ne doivent pas être interprétés de façon binaire : 61 % des Français se considèrent en effet comme citoyens européens *(tableau ci-dessous).* S'ils ont une vision générale très critique de l'UE, ils ont des positions parfois très europhiles concernant des questions spécifiques ou sectorielles.

Le rapport des Français à la citoyenneté européenne

« Pour chacune des affirmations suivantes, dites-nous à quel point elle correspond ou non à votre opinion : "Vous vous sentez citoyen de l'UE." »	Moyenne UE-27	France
Total oui	72 %	61 %
Total non	27 %	37 %
Ne sais pas	1 %	2 %

Source : Commission européenne, Eurobaromètre Standard 95, avril 2021.

1. Commission européenne, Eurobaromètre Standard 95, 2021.

L'image de l'Union européenne aux yeux des Français

« De manière générale, avez-vous une image très positive, plutôt positive, neutre, plutôt négative ou très négative de l'UE ? »	**Moyenne UE-27**	**France**
Total opinions positives	45 %	41 %
Total opinions négatives	37 %	38 %
Neutre	16 %	21 %

Source : Commission européenne, Eurobaromètre Standard 95, avril 2021.

Au printemps 2021, l'Eurobaromètre pointait par exemple que seuls 21 % des Français avaient une image « totalement négative » de l'UE *(tableau ci-dessus)*. De même, 74 % de nos concitoyens se prononçaient pour « une union économique et monétaire européenne avec une monnaie unique, l'euro », soit 4 points de plus qu'à l'hiver 2020-2021[1]. 85 % des Français sont également favorables à la « liberté de circulation des citoyens européens qui peuvent vivre, travailler, étudier et faire des affaires n'importe où dans l'UE ». 74 % sont pour une « politique de défense et de sécurité commune entre les États membres » et 70 % pour une « politique européenne migratoire commune ».

Ainsi, l'opinion française paraît à la fois très critique à l'égard de l'Union européenne et attachée à une intégration forte tant en matière économique que sur des sujets plus régaliens comme la gestion des frontières ou la politique extérieure. Si cela peut paraître incohérent, on peut cependant interpréter ces résultats comme une demande d'une « autre Europe » de la part des Français. Dès lors,

1. Commission européenne, Eurobaromètre Standard 94, avril 2021.

les interroger principalement autour de leur attachement à l'UE peut sembler réducteur, puisqu'on peut à la fois adhérer au principe d'une « union sans cesse plus étroite entre les peuples de l'Europe » – selon les termes du traité sur l'Union européenne – tout en rejetant l'orientation politique qu'elle prend actuellement.

Une opinion fracturée politiquement et socialement

Si l'analyse du rapport des Français à l'UE ne peut se limiter à une logique d'opposition binaire entre les pour et les contre, il est néanmoins possible d'identifier des tendances en fonction de différents facteurs sociologiques et politiques. Ainsi, selon l'enquête « Fractures françaises » *(tableau suivant)*, les sympathisants de La République en marche voient l'appartenance de la France à l'UE de façon très positive (80 % estiment qu'il s'agit d'une bonne chose), une conviction globalement partagée par les sympathisants du PS (67 %), des Républicains (62 %) ou d'EELV (60 %). Les sympathisants de La France insoumise sont les plus partagés sur l'UE (55 % estiment qu'il s'agit d'une bonne chose). Il s'agit là d'une faiblesse majeure de la coalition sociale emmenée par Jean-Luc Mélenchon, qui explique le discours du « plan A / plan B » de 2017 visant à séduire tant les eurosceptiques que les réformistes. Les sympathisants RN sont bien plus tranchés : près des deux tiers (64 %) perçoivent la participation de la France à l'UE comme une mauvaise chose.

L'attachement ou le rejet de la construction européenne dépend aussi des catégories socioprofessionnelles : les cadres sont largement favorables à l'UE (71 %), tandis que les ouvriers et les employés se montrent bien plus critiques (respectivement 42 % et 38 % d'opinions favorables).

Ces divergences peuvent notamment s'expliquer par les transformations que la construction européenne a introduites dans les vies des Français des différentes couches sociales : les cadres peuvent voyager plus simplement grâce à l'espace Schengen ou à la monnaie unique, ont accès à un plus grand marché pour leur entreprise, et leurs enfants auront sans doute la chance d'effectuer un Erasmus durant leurs études. À l'inverse, les ouvriers et employés ont souvent été confrontés au chômage et au déclassement entraînés par la mondialisation, et perçoivent donc souvent les aspects les plus négatifs de l'appartenance à l'UE.

L'opinion des Français sur l'appartenance à l'UE par proximité politique et catégories socioprofessionnelles

« Tout bien considéré, diriez-vous que l'appartenance de la France à l'UE est… » (résultats 2021)	Une bonne chose	Une mauvaise chose
Ensemble	50 %	34 %
LFI/PCF	55 %	26 %
EELV	60 %	25 %
PS	67 %	28 %
LREM	80 %	10 %
LR	62 %	25 %
RN (ex-FN)	21 %	64 %
Cadres	71 %	20 %
Professions intermédiaires	58 %	31 %
Employés	38 %	40 %
Ouvriers	42 %	41 %
Retraités	51 %	33 %

Source : Ipsos/Sopra Steria pour Le Monde, *le Cevipof, la Fondation Jean-Jaurès et l'Institut Montaigne, « Fractures françaises – vague 9 », septembre 2021.*

D'autres facteurs sociologiques jouent un rôle important dans l'opinion concernant l'UE. L'obtention d'un diplôme supérieur au bac entraîne fréquemment un point de vue favorable : selon l'enquête « Fractures françaises », 65 % des bac+2 ou plus voient l'UE comme une bonne chose. Vivre dans un centre urbain plutôt qu'en milieu rural est également corrélé à une opinion plus positive de la construction européenne (respectivement 56 % et 44 % d'opinions positives). Quant au revenu, il n'influe guère sur l'opinion à l'égard de l'UE, excepté chez les plus aisés, nettement plus favorables à cette dernière (60 % d'opinions positives pour ceux qui gagnent plus de 3 000 euros par mois, contre 45 % pour les autres tranches de revenu).

Finalement, les opinions sur l'UE selon la proximité partisane reflètent aussi la composition sociale des électorats des différentes formations politiques. Pour les électeurs du RN, plutôt déclassés, l'UE est une construction élitiste aux conséquences négatives sur leur vie[1]. À l'inverse, pour les électeurs d'Emmanuel Macron, qui sont plus aisés, plus diplômés et appartiennent souvent aux CSP+, l'UE est source d'opportunités[2]. Le même phénomène s'observe, bien qu'à un degré moindre, chez les sympathisants PS et EELV. Aux yeux de l'électorat des Républicains, surtout composé de retraités plutôt aisés, l'UE garde une image positive. Quant à La France insoumise, son discours ambigu sur l'UE vise

1. « Le vote RN s'ancre chez les moins diplômés, les moins riches et les actifs, selon une étude », *Sud-Ouest*, 28 avril 2021.
2. Bruno Amable et Stefano Palombarini, *L'Illusion du bloc bourgeois. Alliances sociales et avenir du modèle français*, Paris, Raisons d'agir, 2018. Il faut se référer à la même source pour les données concernant le PS, EELV et LR.

sans doute à ménager chaque composante de son électorat de 2017, qui était assez transclassiste[1]… au risque cependant de ne pleinement satisfaire personne.

Cette lecture de l'opinion publique révèle aussi plusieurs erreurs dans le discours médiatique autour de l'UE. Par exemple, bien que la gauche soit plutôt favorable à la construction européenne, cette dernière constitue un vrai point de désaccord entre La France insoumise, eurocritique, et EELV et le PS, plus réformistes. Résumer l'incapacité de la gauche à s'unir à des querelles d'ego est donc réducteur.

De manière plus générale, le clivage simpliste entre « mondialistes » et « patriotes » ou entre « progressistes » et « populistes » ne rend pas compte des nuances et des subtilités des positions dans l'opinion française. Ce vocabulaire, employé notamment par Marine Le Pen et Emmanuel Macron lors des élections européennes de 2019, répond surtout à une logique politique : fédérer derrière eux soit les électeurs proeuropéens, soit les eurosceptiques, en utilisant la figure adverse comme repoussoir.

Un débat mal posé

Cette non-pertinence de la dichotomie entre pro et antieuropéens est visible dans l'enquête « Fractures françaises » *(tableau suivant)* : selon celle-ci, une majorité de Français (53 %) se disent « globalement favorables au projet européen, mais pas tel qu'il est actuellement mis en

1. Bruno Cautrès, « Mélenchon, "vainqueur caché" de la présidentielle ? » *in* Pascal Perrineau (dir.), *Le Vote disruptif. Les élections présidentielle et législatives de 2017*, Paris, Presses de Sciences Po, 2017, p. 175-192.

place », contre seulement 22 % favorables au *statu quo* et 25 % globalement opposés au projet européen. Ainsi, si le Frexit est minoritaire dans l'opinion française, la poursuite de la construction européenne sur la ligne néolibérale qui la caractérise depuis les années 1980 l'est tout autant.

Deux axes de changement sont possibles : déléguer de nouvelles compétences à l'échelon européen ou renforcer les pouvoirs dont dispose la France en limitant ceux de l'UE. Selon l'enquête « Fractures françaises », la première option séduit environ 26 % de la population, principalement les Européens convaincus, comme en témoigne le fait que 38 % des sympathisants de LREM la choisissent. À l'inverse de cette préférence pour la « souveraineté européenne », une nette majorité de Français (60 %) souhaitent au contraire renforcer la souveraineté nationale.

L'alter-européisme des Français

« Êtes-vous plutôt… »	
Globalement favorable au projet européen tel qu'il est actuellement mis en place	22 %
Globalement favorable au projet européen mais pas tel qu'il est actuellement mis en place	53 %
Globalement défavorable au projet européen	25 %

Source : Ipsos/Sopra Steria pour Le Monde, *le Cevipof, la Fondation Jean-Jaurès et l'Institut Montaigne, « Fractures françaises – vague 9 », septembre 2021.*

La question de savoir quels pouvoirs devraient être récupérés par Paris n'étant malheureusement pas posée, toutes les spéculations sont possibles. De manière générale, on imagine par exemple que le programme Erasmus est bien mieux perçu que le régime du travail détaché. La majorité des compétences de Bruxelles ayant trait à l'économie (définition des règles commerciales internes et avec l'extérieur, surveillance des budgets nationaux, politique monétaire...), il s'agit sans doute d'un domaine où ils souhaitent retrouver un certain pouvoir. La gestion des frontières, déléguée à l'agence Frontex s'agissant des frontières extérieures de l'espace Schengen, est peut-être un autre domaine où les Français veulent « reprendre le contrôle » (selon le slogan de la campagne pro-Brexit de 2016).

Quoi qu'il en soit, il est regrettable de constater la façon dont les enjeux européens sont aujourd'hui traités dans les champs politique et médiatique. Malgré l'ampleur des compétences transférées à l'échelle européenne, l'UE ne tient en effet qu'une place mineure dans les débats de la précampagne liés à l'élection présidentielle de 2022. Excepté l'Union populaire républicaine de François Asselineau et Les Patriotes de Florian Philippot, qui sont pleinement organisés autour de cet enjeu et défendent ouvertement la sortie de l'UE, les autres partis sont très ambigus sur le sujet.

Si Emmanuel Macron avait ouvertement défendu le fédéralisme européen durant sa campagne de 2017, ses propositions ont généralement été rejetées par ses partenaires. Par exemple, des obligations européennes, premier pas vers un fédéralisme budgétaire, ont bel et bien vu le jour à la faveur de la crise du Covid-19, mais elles seront *in fine* remboursées par les États, étant donné que l'Union n'a presque aucune ressource propre. Les partis plus critiques, comme La France insoumise et le Rassemblement national, continuent quant à eux de dénoncer les politiques européennes, mais ils ont renoncé à organiser un référendum sur le Frexit.

Pour l'heure, leurs propositions restent floues. De même, si Arnaud Montebourg a beaucoup attaqué Bruxelles en début de campagne, il est moins clair sur la stratégie qu'il propose. Quant à EELV, au PS ou aux Républicains, au moment où nous écrivons ces lignes, ils sont encore en train de définir leur programme.

Si les partis politiques négligent les enjeux européens, le problème vient aussi du traitement médiatique. Ainsi, les débats autour de l'UE se résument souvent à une opposition binaire entre fédéralistes et « frexiteurs » ou recourent à des comparaisons avec l'étranger peu pertinentes, telles que le référendum sur le Brexit ou la politique de Varsovie ou Budapest. Par ailleurs, les critiques de la construction européenne sont trop souvent dépeints en dangereux nationalistes, alors que tous n'appartiennent pas à la droite radicale. Or, cette distorsion entre l'opinion publique et le traitement médiatique sur les questions européennes, particulièrement visible lors du référendum de 2005, risque d'aggraver la défiance envers la presse.

À l'approche de l'élection présidentielle et en pleine présidence française de l'Union européenne, il faut donc espérer que l'Europe va devenir un vrai thème de campagne, afin que les Français puissent faire le choix le plus éclairé possible sur l'avenir qu'ils souhaitent donner à leur pays.

La laïcité fait-elle toujours consensus ?

Iannis Roder

Lancée par le ministère de l'Éducation nationale en septembre 2021 à l'initiative du ministre lui-même, la campagne de communication sur la laïcité a déclenché une polémique dont les réseaux sociaux sont devenus la caisse de résonance. Les affiches, montrant des jeunes dont les prénoms et la diversité avaient été choisis pour illustrer la France d'aujourd'hui, représentaient différentes situations propres à l'école. Le slogan accompagnant chaque affiche, « C'est ça la laïcité », s'inscrivait sous des scènes de la vie scolaire quotidienne, de la piscine à la bibliothèque en passant par le terrain de sport et, bien sûr, les salles de classe. Pour les concepteurs de la campagne, le message semblait clair : la laïcité garantit à chaque enfant de France le même enseignement et la même liberté. C'était sans compter sur différentes lectures qu'en ont fait nombre de commentateurs et de militants. De ceux qui ont considéré que les prénoms et couleurs de peau assignaient du point de vue identitaire les enfants à ceux qui ne voyaient pas de rapport entre les affiches et la laïcité, les critiques ont été multiples et les détournements sur les réseaux sociaux, parfois détonants.

De fait, entre ceux qui ne cessent de dire que la laïcité ne doit pas être le cheval de Troie de la lutte contre l'islam, ceux – il s'agit parfois des mêmes – qui, à chaque fois qu'il est question de la laïcité, ne cessent de clamer que celle-ci n'est « que le droit, rien que le droit » et ceux qui lient étroitement laïcité et émancipation individuelle, les divergences sont aujourd'hui importantes et l'émergence d'adjectifs multiples pour évoquer la laïcité témoigne des différentes conceptions qui se font jour dans le débat public. Quand certains affirment que la laïcité ne doit pas être adjectivée, d'autres évoquent la « laïcité ouverte », voire « inclusive » quand d'autres encore, pour mieux critiquer des prises de position qu'ils jugent contraires à leurs idées, vilipendent la « laïcité de combat ».

En réalité, ce sont bien sûr l'émergence de l'islam dans notre société française et son expression dans le cadre scolaire depuis l'affaire des foulards de Creil en 1989[1] qui ont, peu à peu, projeté la question de la laïcité dans le débat public. Les questions posées par une présence et une visibilité renouvelées du religieux dans l'espace public d'une société pour laquelle la religion était devenue une affaire privée et dont la présence publique ponctuelle était surtout vécue comme culturelle (les processions, les fêtes patronales) ont rouvert un champ qui avait été apaisé. Elles ont entraîné des débats, parfois conclus par une loi[2], tout en clivant les positions.

1. Voir Ismaïl Ferhat (dir.), *Les Foulards de la discorde. Retours sur l'affaire de Creil 1989*, La Tour-d'Aigues, L'Aube / Fondation Jean-Jaurès, 2019.

2. Loi n° 2004-228 du 15 mars 2004 encadrant, en application du principe de laïcité, le port de signes ou de tenues manifestant une appartenance religieuse dans les écoles, collèges et lycées publics.

C'est surtout à gauche que le clivage est frappant, la droite restant divisée entre les tenants d'une ligne républicaine d'une part, une droite catholique, minoritaire et plus traditionaliste qui ne serait pas contre une révision du principe de laïcité pour une plus grande permissivité d'autre part, et enfin une droite plus dure qui voit dans la laïcité un outil de lutte contre l'islam et, au-delà, contre l'immigration. Une partie de la gauche militante, dans le sillage d'une histoire marquée par le traumatisme de la Seconde Guerre mondiale et la lutte pour la décolonisation, semble prête à adapter le modèle républicain de manière à ne pas contrarier les revendications religieuses des populations musulmanes issues des anciennes colonies françaises. Cette position militante se retrouve dans des organisations politiques ou syndicales, où elle est mise en avant en usant des termes de tolérance, de liberté et de lutte contre les discriminations. Aux violences de l'histoire, mais aussi aux violences sociales qu'ont vécues ou que vivent ces populations, viendraient s'ajouter des violences symboliques qu'elles subiraient au nom des principes républicains. La vision radicale de certains les pousse à considérer que ces populations continuent de vivre dans un système postcolonial qui reproduirait ici ce qui fut fait au temps des colonies, la laïcité étant alors vue comme un outil de maîtrise et d'acculturation par la violence.

C'est une partie de cette gauche qui a défilé le 10 novembre 2019, notamment aux côtés d'organisations islamistes[1], dans la « marche contre l'islamophobie » au nom de l'idée que les

1. Dont le Collectif contre l'islamophobie en France et BarakaCity, dissous par décision du ministère de l'Intérieur en décembre 2020, décision confirmée par le Conseil d'État le 24 septembre 2021.

discriminations dont souffrent ces populations sont aussi le fait des institutions républicaines, à commencer par l'école. Elle estime ainsi que la diversité des cultures dont sont issues ces populations doit être reconnue, que l'école ne peut pas être « indifférente aux différences », cette reconnaissance des différences étant la voie nécessaire à l'amenuisement de la fracture que l'école ne parvient pas à réduire de manière satisfaisante. C'est cette conception qui préside notamment aux prises de position insistant sur le fait que la laïcité, ce ne serait que « le droit et rien que le droit ».

Une autre gauche, très attachée au principe de laïcité en tant que socle de la République émancipatrice, considère que la ligne des républicains de 1905, ceux qui, comme Aristide Briand et Jean Jaurès, présidèrent au vote et à la mise en œuvre de la loi de séparation des Églises et de l'État, doit perdurer. Leur position ne se modifie donc pas et l'arrivée de populations amenant avec elles de nouvelles problématiques en matière de religion, et donc de laïcité, ne change rien à la donne. « [...] une école où chaque élève est constamment rendu à ses parents, rappelé à sa condition, rivé à ses "racines" : c'est une école de la prédestination sociale [...], c'est une école asservie à la loi du milieu et aux particularismes extérieurs[1] », affirment les cinq grands intellectuels qui prennent la parole au moment de l'affaire de Creil. En résumé, ce ne serait pas à la République de s'adapter, mais à ces populations de comprendre comment fonctionnent nos institutions au regard des principes républicains qui sont les nôtres.

1. Voir le texte fondateur d'Élisabeth Badinter, Régis Debray, Alain Finkielkraut, Élisabeth de Fontenay et Catherine Kintzler, « Profs, ne capitulons pas ! », *Le Nouvel Observateur*, 2 novembre 1989.

Ces positions tranchées ne cessent aujourd'hui d'alimenter le débat dès que la question des religions et de la laïcité s'y invite. Dans cette gauche fracturée, il semble clair que la laïcité n'intervient pas comme facteur d'unité sur lequel les divergences pourraient trouver un accord de synthèse, mais bien comme un des points saillants d'une rupture profonde.

Mais, au-delà de cette fracture à gauche, la laïcité fait-elle encore consensus dans la société française ? Est-elle comprise de la même manière par les différentes composantes de la population ? Le monde enseignant, marqué traditionnellement à gauche, est-il lui aussi soumis à l'émergence de ces grilles de lecture parfois conflictuelles ?

Des Français globalement attachés au principe de laïcité

Incarné d'abord par la loi de séparation des Églises et de l'État de 1905, le principe de laïcité semble très largement soutenu par les Français, puisqu'ils sont 87 % à être favorables à la loi de séparation[1]. Ils sont également 83 % à soutenir la loi de 2004 sur l'interdiction du port de signes religieux ostentatoires dans les établissements scolaires. Cette adhésion majoritaire des Français au principe de laïcité se confirme par le fait qu'ils sont 71 % à considérer qu'il ne faut pas toucher à la loi de 1905 (5 % sont pour sa suppression et 24 %, soit un quart des Français, favorables à sa modification, ce qui, il est vrai, est élevé).

1. Résultats issus du rapport d'étude de l'Ifop et la Fondation Jean-Jaurès, « Les Français, l'électorat macroniste et les questions de la laïcité », 22 mars 2019.

Si les Français musulmans sont également majoritairement favorables, à hauteur de 66 %, à la conservation de la loi de 1905 en l'état, ils forment un groupe beaucoup plus critique vis-à-vis de la loi de 2004 puisqu'ils ne sont que 41 % à l'approuver, ce qui tendrait à montrer qu'elle est vécue par une majorité d'entre eux comme portant atteinte à leur liberté, mais aussi que cette majorité de Français musulmans n'adhère pas aux objectifs de la loi qui soustendent l'interdiction.

D'autre part, les Français semblent de plus en plus attachés à la dimension émancipatrice de la laïcité. Ils sont 26 % à estimer que cette dernière a d'abord pour rôle de faire reculer l'influence des religions[1] (ils étaient 9 % à le penser en 2005 et 20 % en 2019), bien loin devant l'idée selon laquelle la laïcité serait un moyen de traiter les religions de manière égale, ce qui revient à dire qu'aucune religion ne doit être discriminée par un traitement des pouvoirs publics et des institutions qui serait plus favorable à l'une ou l'autre. Ils sont ainsi 19 % à voir dans la laïcité un positionnement des religions sur un pied d'égalité (–13 points par rapport à février 2005), ce qui tend à confirmer l'idée qu'aux yeux des Français, il s'agit d'abord d'un principe favorisant l'émancipation citoyenne. C'est ce que vient confirmer le taux de 27 % de Français considérant que la laïcité, c'est d'abord séparer les religions et la politique[2].

1. Les chiffres de cette partie sont tirés du sondage de l'Ifop, la Licra et *Droit de vivre*, « "Droit au blasphème", laïcité, liberté d'enseignement... Les lycéens d'aujourd'hui sont-ils "Paty" ? Enquête auprès des lycéens sur la laïcité et la place des religions à l'école et dans la société », 3 mars 2020.

2. *Ibid.*

Ce qui peut être compris comme un raidissement vis-à-vis de l'expression religieuse se retrouve dans l'idée que le principe de laïcité serait aujourd'hui discuté, voire contesté, et donc en danger. Ils sont 74 % de Français à le penser, soit une augmentation de 16 points par rapport à février 2005, preuve que les événements liés à des manifestations religieuses mais aussi, évidemment, les violences terroristes visant les Français et les débats qui en découlent et ne cessent d'occuper les médias et la classe politique jouent sur les inquiétudes.

Ce sentiment de mise en danger du principe de laïcité semble avoir pour corollaire une plus grande rigidité sur la visibilité du religieux dans la sphère publique, mais également l'espace public. Au-delà des 79 % de Français qui sont légitimement favorables à l'application de la neutralité axiologique de l'État dans les services publics, avec l'interdiction du port de signes religieux par les agents publics[1], ils sont 84 % à se dire opposés aux prières de rue, c'est-à-dire attachés à la préservation de l'espace public comme lieu de neutralité concernant l'expression religieuse, en l'occurrence collective. Mais les Français sont également 76 % à se dire opposés au port de signes religieux au sein de l'université, ou encore 74 % à y être hostiles dans les entreprises privées[2], deux choses pourtant autorisées juridiquement aujourd'hui.

D'autre part, les Français sont majoritairement opposés, dans des proportions toujours nettement majoritaires (entre 64 % et 81 % en fonction des accommodements évoqués),

1. *Ibid.*
2. Tous les chiffres à partir de celui-ci et jusqu'à la fin de cette partie sont issus du rapport d'étude de l'Ifop et la Fondation Jean-Jaurès, « Les Français, l'électorat macroniste et les questions de la laïcité », *op. cit.*

à d'éventuels accommodements de la laïcité. Ils sont ainsi majoritairement contre l'instauration d'un jour férié pour les juifs (Kippour) et les musulmans (l'Aïd-el-Kebir) (64 %) ou hostiles à la permission qui serait donnée aux pratiquants des religions minoritaires de choisir d'autres jours fériés à connotation religieuse que ceux qui sont actuellement en vigueur (68 %). Ils sont également contre l'idée d'autoriser les collectivités territoriales à octroyer des garanties d'emprunts bancaires pour financer la construction d'un lieu de culte (68 %), ou encore contre l'autorisation d'un financement public pour cette même finalité (81 %).

Toutefois, si nous regardons ces chiffres de plus près, les Français qui votent à gauche semblent davantage prêts à composer sur ces questions. Ils semblent marqués par une vision qui pourrait être liée à un engagement ontologique contre les discriminations, et donc à une approche morale, mais aussi individualiste au nom de la liberté, plus prégnante. C'est ainsi que les Français ayant voté à gauche à l'élection présidentielle de 2017 sont entre 7 et 20 points plus favorables que l'ensemble des Français aux propositions d'aménagements préalablement citées, au contraire des électeurs d'Emmanuel Macron qui sont plus proches, sur tous les items, de la moyenne des Français. Les électeurs de droite se montrent systématiquement plus rigides sur la question d'éventuels accommodements (entre 1 et 10 points de moins). Il est à noter que, sur l'item « Autoriser toutes les collectivités territoriales à octroyer des garanties d'emprunts bancaires pour financer la construction d'un lieu de culte », les jeunes entre 18 et 24 ans y sont favorables à hauteur de 40 %, et que plus l'on avance dans les catégories d'âge, plus les Français y sont hostiles, avec une pointe à 90 % de personnes opposées chez les plus de 65 ans.

Cette approche plus libérale des électeurs de gauche se retrouve dans les propositions liées aux manifestations d'expression ou d'appartenance religieuse dans l'espace ou la sphère publics. Ainsi, ils sont nettement plus souples sur une possibilité d'afficher sa confession par le port de signes religieux ostensibles en entreprise privée (49 % favorables contre 23 % des Français) et à l'université (46 % pas opposés contre 24 % des Français), et 36 % ne sont pas hostiles au port de signes religieux par les parents accompagnateurs en sortie scolaire (contre 23 % des Français). Ils sont également les plus souples quant à la possibilité de faire des prières de rue collectives, puisqu'ils sont 25 % à ne pas y être opposés (contre 13 % des Français).

Si les Français apparaissent donc globalement très attachés au principe de laïcité et aux lois laïques de 1905 et 2004, des dissensions semblent se dessiner au sein de la société française en fonction de différentes catégories de population. Ainsi, les Français musulmans, de manière systématique, sont moins attachés aux lois dites laïques, et donc au principe de laïcité, voire ont du mal à saisir le pourquoi de la loi de 2004. De même, les Français de gauche ont une vision qui semble davantage s'appuyer sur une approche morale et libérale de la question, ce qui se retrouve dans le fait que ces électeurs sont 45 % à considérer que la laïcité consisterait d'abord à mettre les religions sur un pied d'égalité, quand ils ne sont que 21 % à estimer qu'il s'agirait d'abord de séparer le politique et le religieux et 15 % à penser que la laïcité consisterait d'abord à faire reculer l'influence de la religion dans notre société. Le prisme de la lutte antiraciste ou antidiscriminatoire semble offrir une grille de lecture à partir de laquelle une partie importante des électeurs de gauche conçoivent la laïcité. Une fraction de ces électeurs de gauche semble ainsi s'éloigner de la vision de la laïcité comme outil émancipateur, vision si chère à Jean Jaurès, par exemple.

La jeunesse (les moins de 24 ans) est la dernière catégorie de population qui tend à se distinguer. Elle est plus prompte à vouloir modifier la loi de 1905 (38 % contre 29 % des Français), mais aussi à considérer que la laïcité n'est pas en danger (39 % contre 26 % pour l'ensemble des Français). Elle ne semble ainsi pas adopter les mêmes positions que la moyenne des Français sur les questions touchant au principe de laïcité.

Jeunesse française et laïcité : une grille de lecture divergente

Sondage après sondage, il semble que la jeunesse de France ait une vision de la laïcité qui ne correspond pas à l'idée que s'en faisaient les républicains qui laïcisèrent les institutions, et donc le pays, au fur et à mesure de l'affirmation de la République. La conception même de la laïcité par une partie importante de la jeunesse française témoigne de cet état de fait. Pour les lycéens, la laïcité constitue avant tout un cadre juridique destiné à assurer la séparation du religieux et du politique, la liberté de conscience et l'égalité entre les religions. Ils sont seulement 11 % à considérer qu'elle consisterait à faire reculer l'influence des religions dans la société. Elle est d'abord pour eux un moyen de traiter les religions de manière égale (29 %)[1]. Les jeunes semblent ainsi se caractériser, davantage que l'ensemble des Français,

1. Sauf mention contraire, les chiffres de cette partie sont issus du sondage de l'Ifop, la Licra et *Droit de vivre*, « "Droit au blasphème", laïcité, liberté d'enseignement... », *op. cit.*

par une vision attachée à la lutte contre les discriminations, dans lesquelles ils inscrivent les questions d'expression religieuse. La proportion de ces jeunes (14 % des lycéens interrogés) est encore plus importante chez ceux qui sont de confession musulmane. Ceux-ci sont 37 % à voir la laïcité sous cet angle, chiffre que nous retrouvons chez les lycéens des banlieues populaires.

La principale conséquence de cette lecture de la laïcité se manifeste d'une part dans la manière dont les lycéens comprennent les restrictions à l'expression religieuse dans les espaces des services publics mais aussi, d'autre part et de manière plus surprenante, celles qui concernent les fonctionnaires. Ainsi sont-ils majoritairement favorables au port de tenues religieuses par les élèves dans les lycées publics (52 %), soit une proportion deux fois plus importante que dans la population adulte (25 %). Cette approche très permissive de l'expression religieuse semble gagner du terrain puisque 58 % des 14-16 ans rejetaient cette idée à la fin des années 2000[1]. Autre signe de la mécompréhension de ce que signifie la laïcité républicaine, 49 % des lycéens ne sont pas opposés au port de signes religieux par des fonctionnaires tels que des policiers ou des enseignants (contre 21 % des Français). Il faut noter à cet égard que la neutralité des services publics en tant qu'émanation de l'État est mal assimilée. La confusion entre sphère privée et sphère publique est ici criante et la neutralité, condition de l'unité citoyenne, n'est pas comprise.

Là encore, les lycéens musulmans sont beaucoup plus nombreux à être favorables à une liberté d'expression

1. Commission européenne, enquête sur « la religion dans l'enseignement. Contribution au dialogue ou facteur de conflit dans des sociétés européennes en mutation » réalisée entre 2006 et 2009.

religieuse étendue aux espaces scolaires pour les élèves dans les lycées (88 %) comme dans les collèges (86 %), de même qu'ils ne sont pas opposés au port de signes pour les fonctionnaires (85 %). Nous voyons bien ici non seulement la place importante qu'occupe l'expression religieuse dans l'esprit de cette jeunesse française, mais aussi, logiquement, l'incompréhension de ce que signifie la laïcité pour la construction de la citoyenneté des jeunes ainsi que pour l'unité nationale. Logiquement, nous retrouvons des chiffres équivalents chez les lycéens des quartiers populaires, où se concentrent davantage les populations d'origine ou de culture musulmanes.

Cette perception de ce que devrait être l'expression religieuse a également des conséquences sur la perception de la laïcité elle-même. Ainsi, 43 % des lycéens considèrent que les lois laïques seraient discriminatoires à l'encontre d'au moins une religion, mais en y regardant de plus près, il apparaît que ce sont 89 % des lycéens musulmans contre 36 % des lycéens catholiques et 31 % des lycéens sans religion qui portent cette vision des choses. 37 % des lycéens pensent que les lois laïques seraient discriminatoires envers les musulmans, contre 81 % des lycéens musulmans.

Ce décalage avec l'ensemble de la population sur le sujet de la laïcité se retrouve sur ce qui fonde cette dernière, à savoir la séparation du religieux et du politique, faisant de la loi commune la seule ayant une valeur juridique. En effet, 40 % des lycéens croyants (30 % des lycéens catholiques, 65 % des lycéens musulmans et 23 % des Français) considèrent que les normes et règles de leur religion sont plus importantes que les lois de la République, c'est-à-dire que la loi commune. Au-delà de la République, c'est ici de la conception même de la nation française qu'il est question, cet ensemble formé par des citoyens unis par les institutions et les règles communes qu'ils se sont librement choisies.

Ce qui saute aux yeux face à ces enquêtes, c'est la confusion (ou l'ignorance, c'est selon) entre la dimension morale de considérations qui guident les positionnements d'une partie accrue de la jeunesse lycéenne vers plus de tolérance, vers davantage de « venez comme vous êtes », pour reprendre le slogan publicitaire d'une grande marque de fast-food, et ce que signifie le principe républicain de laïcité. Or, ces considérations s'inscrivent dans une vision de la société non pas comme espace du commun, mais bien plus comme une juxtaposition d'individus forts de leurs particularismes, qu'ils auraient tout loisir d'exprimer au nom du « chacun fait ce qui lui plaît ». C'est le règne annoncé de l'individualisme au nom de considérations morales et le détricotage, non moins annoncé, du commun qui nous permet de faire société et nation, l'intérêt général s'effaçant inexorablement derrière l'intérêt de chacun.

Ces constats ne peuvent qu'inquiéter. Si nous voulons que le modèle de société imaginé par les républicains du XIXe siècle et du début du XXe perdure, l'école doit remettre au cœur de ses enseignements une question qui n'y figurait plus, car elle était considérée comme une évidence acquise. Toutefois, cet enseignement ne sera efficace qu'à la condition que les enseignants eux-mêmes soient convaincus de sa nécessité.

Un monde enseignant à l'image de la société ?

Les enseignants semblent aujourd'hui faire le lien entre cette jeunesse davantage tournée vers des conceptions de coexistence et les Français plus attachés à l'esprit de l'émancipation individuelle. Ils sont ainsi fermes sur les principes, plébiscitant la loi de 1905 sur la séparation des Églises et de l'État à hauteur de 96 %[1]. 81 % considèrent qu'il ne faut pas la modifier, soit 11 points de plus que l'ensemble des Français. De même, il n'y a guère discussion autour de la loi de 2004 (92 % d'enseignants – 94 % dans l'enseignement public – y sont favorables). Ce soutien est allé en s'accroissant (76 % étaient favorables à une loi en 2004[2] contre 91 % en décembre 2020). Cela dit le besoin d'une législation claire, mais aussi l'apaisement que la loi semble avoir apporté sur le terrain.

Les jeunes enseignants seraient non seulement plus enclins à faire évoluer la loi de 1905 vers davantage de souplesse (29 % des jeunes professeurs du public et 38 % s'agissant des jeunes professeurs de religion non catholique), mais ils sont également plus souples sur le « port de signes religieux ostensibles par les parents d'élèves accompagnant bénévolement les enfants lors d'une sortie scolaire » (56 % des professeurs de moins de 30 ans y sont favorables, contre 38 % en général). Ils sont 14 % à être défavorables à la loi de 2004 (8 % des professeurs en général), ou encore 38 % à être d'accord avec la possibilité du port de signes religieux par des agents de l'État comme les policiers ou les enseignants (contre 21 % des Français).

Par conséquent, les enseignants se distinguent de la moyenne des Français par une vision de la laïcité qui est moins associée à la possibilité de l'émancipation offerte par

1. Les chiffres de cette partie, sauf mention contraire, sont tirés de : Iannis Roder, *Profs, mission impossible ?*, La Tour-d'Aigues, L'Aube / Fondation Jean-Jaurès, 2021.
2. Étude CSA / *Le Monde / La Vie* réalisée par téléphone du 22 au 24 janvier 2004 auprès d'un échantillon national représentatif de 504 enseignants des établissements d'enseignement général et technologique publics.

cette dernière. Ils sont ainsi 16 % à considérer qu'elle a pour but premier de faire reculer l'influence des religions, contre 26 % des Français. Les jeunes enseignants sont significativement plus nombreux à d'abord considérer que la laïcité, c'est la mise sur un pied d'égalité des religions (32 % contre 18 % pour l'ensemble du corps enseignant). Cette tendance à préférer voir la laïcité comme un cadre juridique garantissant la liberté de conscience est étroitement corrélée à l'âge, à l'affiliation religieuse et à la sensibilité politique des répondants. Les enseignants de moins de 30 ans (32 % contre 9 % des plus de 50 ans), membres de religions minoritaires (32 %) ou se sentant proches de La France insoumise (26 %) sont ainsi de loin les plus nombreux à considérer que la laïcité consiste avant tout à placer sur un pied d'égalité toutes les religions.

La question de la laïcité est ainsi revenue dans l'actualité politique de notre pays et les débats actuels, où il est question d'adjectifs venant qualifier cette laïcité en fonction des positionnements politiques dont on soupçonne les participants au débat, sont parfois féroces. Mais d'autres considérations sont venues perturber la vision qui était celle des républicains qui mirent en place notre modèle. Elles empruntent à notre histoire récente, car elles s'inscrivent dans l'histoire et l'analyse des processus de décolonisation et de migration tout en associant la laïcité – fait nouveau pour ce principe d'émancipation et de rassemblement – à des réflexions sur le racisme et les discriminations, questions très sensibles chez les jeunes Français. Principe qui à l'origine sépare pour mieux rassembler, la laïcité tend à devenir un enjeu au cœur du débat actuel sur la société que nous souhaitons construire.

Libéralisme économique et globalisation Quelles sont les attentes et les préférences politiques des Français ?

Frédéric Gonthier

La vie politique française s'est beaucoup transformée au cours des dernières décennies. La compétition partisane a longtemps été structurée par la seule dimension économique opposant intervention étatique et laisser-faire. Un tournant s'est opéré à partir des années 1980. Aux valeurs socio-économiques, jusque-là terrain d'affrontement privilégié entre la gauche et la droite, s'est ajouté un nouveau clivage organisant les électorats autour des valeurs socioculturelles.

Les valeurs socioculturelles renvoient à une plus ou moins grande ouverture sur des enjeux sociétaux comme la place des femmes, le rapport à l'autorité et aux libertés publiques ou privées, ainsi que le racisme et les discriminations religieuses. Elles ont pris une importance croissante dans les choix politiques, à mesure que les différences entre partis sur les questions économiques se sont amenuisées et que le renouvellement générationnel s'est conjugué avec l'élévation des niveaux de vie et d'éducation pour mettre au premier plan les questions dites postmatérialistes, liées à la qualité de vie, l'environnement ou la participation aux décisions politiques.

Une ligne de clivage additionnelle est apparue depuis les années 2000, avec la montée en puissance des enjeux inhérents à la globalisation et à la construction européenne, comme l'immigration et la place de l'État-nation dans l'économie mondialisée. Ce clivage tend à opposer les gagnants de la mondialisation, qui soutiennent l'ouverture des frontières et le processus d'intégration supranationale, aux perdants de la mondialisation, qui cherchent plutôt une protection renforcée par le maintien des frontières et des régulations nationales.

Qu'en est-il à la veille d'une séquence présidentielle dans laquelle les thèmes de la réindustrialisation, du protectionnisme et de la souveraineté nationale ont déjà commencé à infuser ? La pandémie de Covid-19 ayant rendu manifestes l'internationalisation des économies et la dépendance mutuelle des États, le clivage entre intégration mondiale et différenciation nationale s'est-il simplement superposé au clivage économique, conduisant à intensifier l'opposition traditionnelle entre État et marché ? Ou est-il à l'inverse venu la traverser, en contribuant à fragmenter les électorats et à opposer, au sein même des blocs pro-État et promarché, une fraction en faveur de la mondialisation et une fraction hostile à cette dernière ?

Les enquêtes « Fractures françaises » réalisées entre 2018 et 2021 tendent à accréditer cette dernière lecture. On montrera d'abord que les Français articulent leurs opinions sur l'économie en combinant une dimension plus ou moins interventionniste avec une dimension plus ou moins mondialiste. On mettra ensuite en évidence le fait que ces combinaisons de valeurs socio-économiques font signe vers des électorats spécifiques, en pointant néanmoins l'originalité de l'électorat Macron, qui se recrute aussi bien parmi les libéraux favorables que parmi les libéraux opposés à la mondialisation. On conclura en soulignant que le bloc libéral promondialisation reste aujourd'hui très homogène électoralement.

Des Français plutôt partagés sur le libéralisme économique et la mondialisation

L'enquête « Fractures françaises » mesure les opinions des Français sur une série de questions qui se rattachent directement aux grands enjeux socio-économiques. Dans l'ensemble, les résultats font apparaître une opinion publique assez mitigée sur le libéralisme économique. Ainsi, en 2021, 60 % des Français sont favorables au fait de prendre aux riches et de donner aux pauvres pour établir la justice sociale. Dans le même ordre d'idées, 61 % ne croient pas qu'un grand nombre de personnes riches puisse être profitable à la société. Et une courte majorité juge important de renforcer la protection des salariés (47 %) plutôt que de flexibiliser le marché du travail. Mais les Français sont aussi 62 % à considérer que les chômeurs pourraient trouver un travail s'ils le voulaient vraiment ; 58 % à croire qu'on évolue vers trop d'assistanat ; et 52 % à penser que la croissance passe par une limitation du rôle de l'État. L'opinion prise dans son ensemble est donc un mixte de positions sociales et de positions plus libérales.

Les jugements sur la mondialisation et l'Union européenne sont plus tranchés. En 2021, 58 % des Français considèrent que la mondialisation est une menace pour la France, contre 42 % qui y voient une opportunité. Et 64 % pensent que la France doit se protéger davantage du monde d'aujourd'hui, contre 36 % qui estiment qu'elle devrait plutôt s'ouvrir.

Le rejet de la mondialisation a nettement augmenté depuis 2017, où les positions favorables et défavorables faisaient presque jeu égal. Les attitudes vis-à-vis de l'Union européenne sont elles aussi à dominante négative. En 2021, 58 % des Français n'ont « plutôt pas » ou « pas du tout » confiance dans l'Union européenne.

Quatre grandes classes de valeurs économiques et sociales

Pour mieux comprendre comment les Français organisent leurs opinions sur l'économie et la mondialisation, on a conduit une analyse statistique en « classes latentes » qui permet de prédire la probabilité pour les répondants d'appartenir à des groupes d'opinions homogènes non définis *a priori*. L'analyse a été conduite sur un fichier regroupant les neuf questions dont les résultats ont été présentés plus haut et qui ont été posées de 2018 à 2021. Quatre grands systèmes de valeurs socio-économiques se dégagent *(figure suivante)*. Le plus important numériquement regroupe les Français qui associent des positions systématiquement libérales sur le plan économique à un rejet marqué de la mondialisation et de l'UE (34 %). Une deuxième classe statistique rassemble les Français qui sont libéraux mais nettement plus favorables à la mondialisation (23 %). Les deux autres grands systèmes de valeurs socio-économiques correspondent aux Français qui partagent une même adhésion à des positions plus sociales, mais se distinguent par leur plus ou moins grande opposition à la mondialisation. On peut ainsi isoler une classe « social promondialisation » et une classe « social antimondialisation », qui représentent respectivement 23 % et 21 % des échantillons.

On a ensuite réalisé une première analyse complémentaire, sous la forme d'une régression logistique – technique statistique permettant d'évaluer l'influence d'un facteur sur un autre, en gardant constants un ensemble d'autres facteurs –, afin de caractériser sociologiquement chacune de ces classes. Cette analyse révèle que les femmes ont significativement plus tendance que les hommes à adopter des positions sociales promondialisation plutôt que des positions libérales promondialisation. Il en va de même pour les chômeurs et les professions intermédiaires relativement aux cadres supérieurs, pour les personnes à bas revenus relativement à celles à hauts revenus, les salariés du public relativement aux salariés du privé et les personnes les moins religieuses relativement à celles qui le sont le plus.

Les différences sociologiques sont encore plus prononcées si l'on compare les positions libérales antimondialisation aux positions libérales promondialisation : les femmes, les personnes âgées, les chômeurs, ouvriers, employés et professions intermédiaires, les personnes à bas revenu et les salariés du public sont significativement plus enclins à endosser des attitudes antimondialisation plutôt que promondialisation quand ils sont favorables au libéralisme.

Enfin, les répondants qui adoptent des positions interventionnistes et sociales sur l'économie tout en étant opposés à la mondialisation présentent un profil tout aussi irréligieux et défavorisé sur le plan des revenus que leurs homologues promondialisation, mais encore plus féminisé, plus âgé, moins diplômé, moins favorisé professionnellement (avec une surreprésentation notable des chômeurs) et encore davantage salarié du public ou à son compte.

Au total, plus on avance sur le double gradient de l'antilibéralisme et de l'antimondialisation, plus on rencontre des publics défavorisés sur les plans économique et culturel. Il est intéressant de remarquer que les « libéraux antimondialisation » présentent un profil sociologique plus fragile économiquement et culturellement que les « sociaux antimondialisation », comme si les perdants de la mondialisation rejetaient finalement davantage cette dernière que l'économie de marché.

Quatre grandes classes d'opinions économiques et sociales (2018-2021)

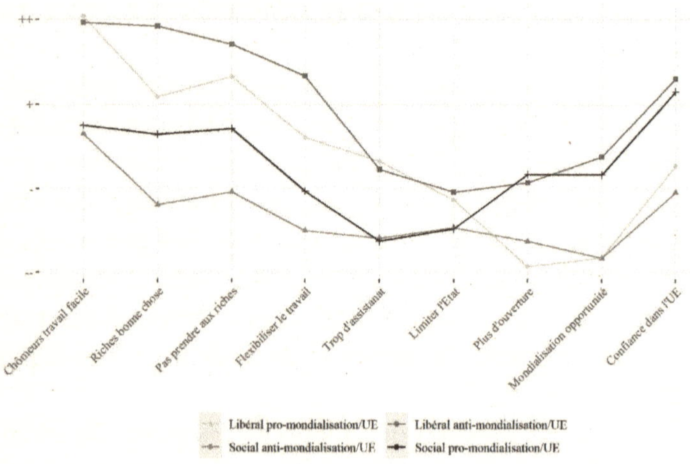

Source : enquêtes « Fractures françaises » (2018-2021).

Des électorats distincts, un électorat Macron plutôt composite

Une seconde analyse complémentaire a été menée pour bien saisir l'influence des valeurs socio-économiques sur le vote. La figure suivante montre les chances statistiques d'avoir voté pour les différents candidats au premier tour de la présidentielle de 2017. Ces chances sont mesurées « toutes choses égales par ailleurs », c'est-à-dire ici nettes des effets du sexe, de l'âge, du diplôme, de la catégorie et du statut socioprofessionnels, des revenus, de l'intérêt pour la politique, du degré de religiosité et de l'année d'enquête.

Voici comment se lit ce graphique. Par exemple, en 2017, sur les 100 % de chances de voter des sociaux promondialisation, 23 % des votes sont allés à Mélenchon (ainsi qu'à Arthaud et Poutou également inclus ici), 20 % à Hamon, 31 % à Macron, 7 % à Fillon (ainsi qu'à Lasalle et Asselineau), 6 % à Le Pen (plus Dupont-Aignan et Cheminade) et 12 % des personnes ont opté pour un vote blanc ou nul. Le vote Macron a donc surclassé les votes Mélenchon et Hamon chez les Français favorables en même temps à l'intervention de l'État et à la mondialisation. Le vote Mélenchon était en revanche majoritaire (33 %) parmi les « sociaux antimondialisation ». Il y dépasse les votes Le Pen et Hamon, qui viennent respectivement en deuxième (23 %) et troisième positions (13 %), avant les votes blancs ou nuls (11 %).

Sans surprise, les libéraux promondialisation ont majoritairement voté pour Macron (46 %). Dans cette classe, le vote Macron devance d'ailleurs très largement le vote Fillon (20 %). Le faible score de Fillon s'explique aussi par le fait qu'une partie résiduelle des libéraux promondialisation s'est tournée vers Le Pen (13 %) ou a voté blanc ou nul (9 %). Quant aux libéraux antimondialisation, ils ont en grande partie voté Le Pen (37 %) et Fillon (17 %), mais aussi Macron (17 %) plutôt que Mélenchon (13 %) ou plutôt que voter blanc ou nul (11 %).

On peut tirer deux résultats clés de cette analyse. D'abord, les grands systèmes de valeurs socio-économiques qui croisent libéralisme et mondialisation recoupent des segments assez distincts de l'électorat. La gauche radicale recrute plus volontiers parmi les sociaux antimondialisation que parmi les sociaux promondialisation. C'est l'inverse pour la gauche modérée. Et tandis que la droite radicale fait surtout recette chez les libéraux antimondialisation, la droite modérée fait davantage provision de voix dans les rangs des libéraux promondialisation, même si elle recrute aussi parmi leurs homologues antimondialisation. Le clivage promondialisation *versus* antimondialisation n'est donc manifestement pas un doublon du clivage État *versus* marché. Il lui est orthogonal et tend à fracturer l'électorat libéral tout comme l'électorat doté d'une sensibilité plus sociale ; le premier se morcelant entre droite modérée et droite radicale, le second, entre gauche modérée et gauche radicale. Le second résultat fort est le caractère beaucoup plus composite du vote Macron, qui a autant, voire davantage capté les voix des promondialisation, qu'ils soient sociaux ou libéraux économiquement, que ses concurrents de gauche et de droite modérées.

Probabilité d'avoir voté pour un candidat en 2017 par grandes classes d'opinions économiques et sociales (2018-2021), avec intervalle de confiance à 95 %

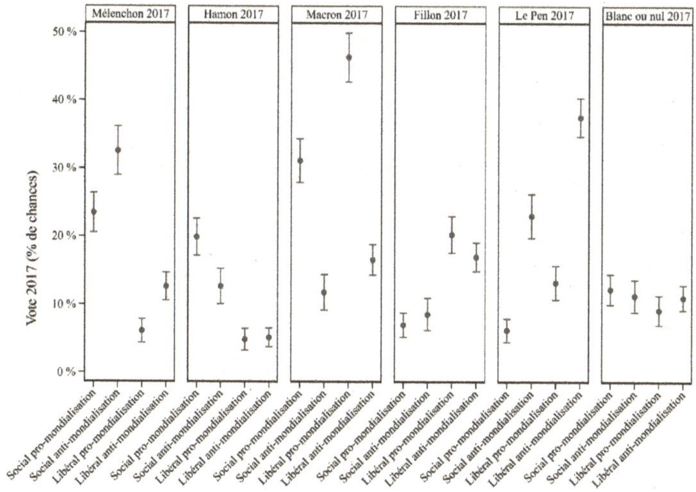

Source : enquêtes « Fractures françaises » (2018-2021).

Un bloc libéral promondialisation plus homogène dans ses proximités partisanes

Les votes en 2017 ne préjugent évidemment pas des votes en 2022, ne serait-ce que parce que l'offre politique est différente et pas encore stabilisée. On peut néanmoins se demander si les votes en 2017 des segments libéraux et sociaux pro et antimondialisation se traduisent en sympathies partisanes plus ou moins affirmées. Pour cela, on a d'abord isolé les échantillons des enquêtes « Fractures françaises » de 2020 et 2021 afin de saisir les dynamiques de sympathie partisane récentes (mesurées à partir des réponses à la question : « Si vous deviez vraiment choisir un parti ou une formation politique, celui ou celle dont vous vous sentez le moins éloigné, de quel parti vous sentez-vous le plus proche ? »). Sur cette base, on a ensuite calculé la répartition des sympathies partisanes selon les votes en 2017, et ce, pour chaque grande classe de valeurs socio-économiques. La figure suivante présente ces différents flux sous la forme d'un diagramme dit de Sankey.

Un tiers (33 %) des Français favorables à la fois à un État fort et à la mondialisation déclarent n'être proches d'aucun parti *(partie A)*. Les autres préfèrent EELV (23 %) et LREM (18 %). Les sympathisants EELV ont surtout voté Mélenchon et Hamon en 2017, plus marginalement Macron ; ce qui contraste avec les sympathisants LREM, qui ont pour la plupart voté Macron. La gauche radicale semble avoir le plus perdu sur ce terrain du social promondialisation, avec une grande partie de ses électeurs de 2017 qui se disent actuellement plutôt proches d'EELV.

S'ils ont majoritairement voté Mélenchon en 2017, les Français qui ont un profil interventionniste et antimondialisation déclarent surtout aujourd'hui n'être proches d'aucun parti (39 %) *(partie B)*. La gauche radicale se maintient néanmoins assez bien dans ce segment, avec 22 % qui se disent proches de LFI, du PCF ou d'une autre formation d'extrême gauche. Elle devance le RN et Debout la France, qui comptent 17 % de sympathisants, dont l'essentiel a voté Le Pen en 2017.

Parmi les libéraux promondialisation *(partie C)*, les sympathisants LREM sont nettement majoritaires (40 %). Ils représentent un peu plus que le total des sympathisants LR (18 %) et des Français de ce segment qui ne sont proches d'aucun parti (20 %). Une grande partie d'entre eux ont voté Macron en 2017. Mais une portion non négligeable, de l'ordre de 20 % du total des sympathisants actuels de LREM, est mordue sur l'électorat Fillon de 2017. Ce transfert de sympathisants compense le flux des électeurs de Macron en 2017 qui ne se disent aujourd'hui proches d'aucun parti.

Enfin, dans le segment des libéraux antimondialisation *(partie D)*, le rejet du système partisan domine avec 33 % de Français qui ne se disent actuellement proches d'aucun parti. Leurs votes en 2017 s'étaient surtout partagés entre Le Pen, le vote blanc ou nul, et Mélenchon. Le RN et DLF viennent en deuxième position avec 26 % de sympathisants, lesquels ont quasiment tous déjà voté Le Pen ou Dupont-Aignan en 2017. LR et LREM font ensuite jeu égal avec 13 % et 12 %.

Les commentateurs politiques et les universitaires ont été nombreux à souligner que la candidature Macron avait fédéré un bloc bourgeois libéral et européaniste, mais que cette coalition était fragile car elle enveloppait des intérêts divergents, typiquement entre élites mondialisatrices et petite bourgeoisie libérale. Nos résultats suggèrent que le segment libéral et promondialisation des Français est resté largement favorable à LREM, ou du moins qu'il ne s'est pas massivement déplacé vers une autre formation. À l'inverse, les fractions de la population française plus sensibles à l'intervention de l'État sont bien davantage dispersées électoralement, ventilées entre un pôle promondialisation qui s'émiette dans le PS, EELV et LREM, et un pôle antimondialisation que LFI semble moins bien rassembler qu'en 2017. Les libéraux antimondialisation, qui représentent environ un tiers de la population, joueront probablement un rôle pivot en 2022. Aujourd'hui, la plupart d'entre eux ne se disent proches d'aucun parti. En 2017, ils avaient surtout voté Fillon et Le Pen.

Flux des votes de 2017 vers les sympathies partisanes en 2020 et 2021 par grandes classes d'opinions économiques et sociales

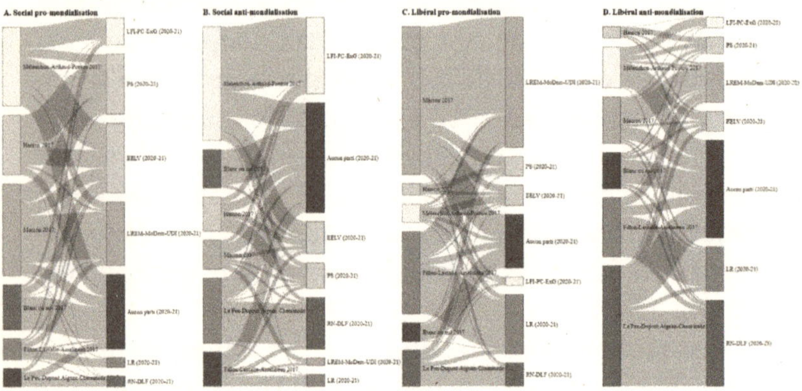

Source : enquêtes « Fractures françaises » (2018-2021).

Présentation des auteurs

Chloé Alexandre est doctorante en science politique au laboratoire Pacte (Sciences Po Grenoble). Elle est spécialiste des comportements électoraux et des questions démocratiques.

Chloé Bérut est chercheuse postdoctorale au ministère de la Santé sur l'évaluation de la Stratégie nationale de santé 2018-2022. Elle est titulaire d'un doctorat en science politique au laboratoire Pacte (Sciences Po Grenoble).

William Bouchardon est diplômé de Sciences Po Grenoble. Il est membre du comité de rédaction du média *Le vent se lève.*

Antoine Bristielle est professeur agrégé de sciences sociales, chercheur en science politique au laboratoire Pacte (Sciences Po Grenoble) et directeur de l'Observatoire de l'opinion de la Fondation Jean-Jaurès. Il a récemment publié *Voyage en terres complotistes* aux Éditions Fayard.

Laura Chazel est titulaire d'un doctorat en science politique du laboratoire Pacte (Sciences Po Grenoble). Sa thèse s'intitule *Théorie et pratique du populisme par la gauche radicale : les cas Podemos et La France insoumise.*

Amaïa Courty est doctorante en science politique au centre Émile-Durkheim (Sciences Po Bordeaux). Elle participe au projet « Jeunesses, citoyenneté et inégalités socio-spatiales ». Sa thèse vise à mieux comprendre le rapport au politique des jeunesses françaises.

Anja Durovic est chercheuse postdoctorale au centre Émile-Durkheim (Sciences Po Bordeaux). Elle est titulaire d'un doctorat en science politique de Sciences Po Paris (2020). Elle a rédigé sa thèse de doctorat, intitulée *The gender gap paradox: Citizenship, cohort change and the evolution of gender inequalities in political participation in Western Europe (1981-2016).*

Gilles Finchelstein est directeur général de la Fondation Jean-Jaurès et directeur des études chez Havas.

Victoria Géraut est diplômée de la Sorbonne et étudiante en politique comparée à Sciences Po Paris. Elle travaille sur l'engagement contre l'antisémitisme et est membre de l'Observatoire des radicalités politiques de la Fondation Jean-Jaurès.

Ivan Glita est doctorant en géographie à l'Université Paris 1. Ses recherches portent sur la décroissance des petites villes en France.

Frédéric GONTHIER est professeur des universités à Sciences Po Grenoble. Ses travaux portent sur les valeurs des Français et des Européens. Il interroge notamment les attitudes à l'égard de l'économie et de l'État providence dans une perspective comparative.

Émilien HOUARD-VIAL est doctorant au Centre d'études européennes et de politique comparée (Sciences Po Paris). Il rédige actuellement une thèse sur la production et la diffusion de l'idéologie au sein de la droite française (et plus particulièrement des Républicains), afin de comprendre l'évolution du rôle des partis dans un contexte de défiance citoyenne et de forte compétition électorale.

Romain MESPOULET est doctorant en science politique au laboratoire Pacte (Sciences Po Grenoble). Ses recherches portent sur l'influence des groupes d'intérêt dans la mise en œuvre de la *soft law* européenne.

Jérémie PELTIER est directeur des études de la Fondation Jean-Jaurès. Il a récemment publié *La fête est finie ?* aux Éditions de l'Observatoire.

Simon PERSICO est professeur des universités à Sciences Po Grenoble. Il est spécialiste des partis politiques et des politiques environnementales.

Frédéric POTIER est préfet et codirecteur de l'Observatoire des radicalités politiques de la Fondation Jean-Jaurès. Il a récemment publié *Pierre Mendès France. La foi démocratique* aux éditions Bouquins.

Max-Valentin Robert est titulaire d'un doctorat en science politique du laboratoire Pacte (Sciences Po Grenoble). Sa thèse s'intitule *Démocrates dans la diversité ? Hétérogénéité culturelle, mobilisations électorales des populations minoritaires et transformations politico-institutionnelles dans les sociétés musulmanes*.

Iannis Roder, professeur agrégé d'histoire-géographie, est directeur de l'Observatoire de l'éducation de la Fondation Jean-Jaurès et membre du Conseil des sages de la laïcité.

Achille Warnant est doctorant en géographie à l'École des hautes études en sciences sociales et codirecteur de l'Observatoire de l'expérimentation et de l'innovation locales de la Fondation Jean-Jaurès.

Table des matières

Reconnue d'utilité publique dès sa création, la Fondation Jean-Jaurès est la première des fondations politiques françaises. Indépendante, européenne et sociale-démocrate, elle se veut depuis vingt-cinq ans un lieu de réflexion, de dialogue et d'anticipation. Les partenariats éditoriaux qu'elle engage répondent à l'ambition de faire naître analyses pertinentes et propositions audacieuses, mais aussi de mettre cette production intellectuelle et politique au service de tous. Gilles Finchelstein et Laurent Cohen sont directeurs des publications de la Fondation Jean-Jaurès.

En coédition avec la Fondation Jean-Jaurès

Vincent Aubelle, Émeric Bréhier, Jean-Paul Planchou, *Comment fonder la République décentralisée ?*

Richard Bouigue, Pierre Rondeau, *Le foot va-t-il exploser ? Pour une régulation du système économique du football*

Jean-Laurent Cassely, Thierry Germain (dir.), *La France qui vient. Cahier de tendances 2020*

Xavier Crettiez, Bilel Ainine, *« Soldats de Dieu ». Paroles de djihadistes incarcérés*

Julien Damon, *Inconfinables ? Les sans-abri face au coronavirus*

Emmanuel Dupont, Édouard Jourdain, *Les nouveaux biens communs ? Réinventer l'État et la propriété au XXIe siècle*

Jean-Marie Durand, Thierry Germain (dir.), *Cahier de tendances 2021. Les personnes, les objets, les lieux et les idées qui vont tout changer*

Ismail Ferhat (dir.), *Les foulards de la discorde. Retours sur l'affaire de Creil 1989*

Ismail Ferhat, *Des discriminations sous-estimées ? Les musulmans en France*

Richard Ferrand, *Nos lieux communs. Petit traité républicain à l'usage des démocrates*

Jérôme Fourquet (dir.), *Karim vote à gauche et son voisin vote FN*

Jérôme Fourquet, Sylvain Manternach, *L'An prochain à Jérusalem ? Les Juifs de France face à l'antisémitisme*

Mathieu Fulla, Marc Lazar, *Les socialistes européens et l'État*

Adeline Hazan, Adrien Taquet, *La prison, alpha et oméga de la punition ?*

Hervé Le Bras, *Serons-nous submergés ? Épidémie, migrations, remplacement*

Hervé Le Bras, *Le grand enfumage. Populisme et immigration dans sept pays européens*

Guillaume Lecointre, Sarah Proust (dir.), *Le fait en question*

Raphaël LLorca, *Les nouveaux masques de l'extrême droite. La radicalité à l'ère Netflix*

Gilles Luneau, *Steak barbare. Hold-up végan sur l'assiette*

David Ménascé, Pierre Victoria, *Entreprises et territoires : nouvelle alliance ?*

Nicolas Monceau, *Turquie : un dilemme européen ?*

Cas Mudde, Cristóbal Rovira Kaltwasser, *Brève introduction au populisme*

Anne Muxel, *Politiquement jeune*

Anne Muxel, Adelaïde Zulfikarpasic, *Les Français sur le fil de l'engagement*

Sarah Proust, *Télétravail : la fin du bureau ?*

Pierre Rondeau, *Fin de partie pour le foot ?*

Collectif Télémaque, *La gauche du réel. Un progressisme pour aujourd'hui*

Jean Viard, *Un nouvel âge jeune ? Devenir adulte en société mobile*

Jean Viard, *La révolution que l'on attendait est arrivée*

Pour limiter l'empreinte environnementale de leurs livres,
les éditions de l'Aube font le choix de papiers
issus de forêts durablement gérées et de sources contrôlées.

Achevé d'imprimer en février 2022
sur les presses de l'imprimerie CPI Firmin-Didot
pour le compte des éditions de l'Aube
331, rue Amédée-Giniès, F-84240 La Tour d'Aigues

Numéro d'édition : 4745
Dépôt légal : mars 2022
Numéro d'impression : 168729

Imprimé en France